Urlaub

Einleitung

Der Gesetzgeber unterscheidet im BetrVG die Mitwirkungsrechte des Betriebsrats in **sozialen**, **personellen** und den **wirtschaftlichen** Angelegenheiten sowie bei Fragen der **Arbeitsplatzgestaltung**. Diese Mitwirkungsrechte reichen von reinen Informationsrechten bis zur erzwingbaren Mitbestimmung durch Ausübung von Initiativrechten. Der Betriebsrat hat in sozialen Angelegenheiten weitgehende Mitbestimmungsrechte: Kein anderer Bereich der Betriebsverfassung bietet dem Betriebsrat die Möglichkeit, so umfassend seine Beteiligungsrechte wahrzunehmen und durchzusetzen. Der Betriebsrat kann in wichtigen betrieblichen Fragen wie zB Arbeitszeitregelungen, Urlaubsplanung und betrieblicher Lohngestaltung initiativ werden und Betriebsvereinbarungen durchsetzen.

Das BetrVG sieht für die in § 87 Abs. 1 BetrVG aufgeführten sozialen Angelegenheiten eine Teilung der Regelungsmacht zwischen Betriebsrat und Arbeitgeber vor. Arbeitgeber und Betriebsrat beschließen für diese Angelegenheiten gemeinsam für die Arbeitnehmer des Betriebs unmittelbar und zwingend geltende Regelungen durch Betriebsvereinbarungen.

Diese Arbeitshilfe für Betriebsräte befasst sich mit der in § 87 Abs. 1 Nr. 5 BetrVG geregelten Mitbestimmung des Betriebsrats bei Fragen der Aufstellung allgemeiner Urlaubsgrundsätze und des Urlaubsplans sowie der Festsetzung der zeitlichen Lage des Urlaubs für einzelne Arbeitnehmer, wenn zwischen dem Arbeitgeber und den beteiligten Arbeitnehmern kein Einverständnis erzielt wird. Darüber hinaus werden allgemeine Fragen rund um das Thema „Urlaub“ behandelt.

Zur besseren Lesbarkeit wurde im Folgenden auf Gendern verzichtet: Alle Formulierungen erfassen stets alle in Frage kommenden Geschlechter.

Die Autoren

Prof. Dr. Simon A. Fischer, LL.M.
Rechtsanwalt/Fachanwalt für Arbeitsrecht
Vertretung und Beratung von Arbeitnehmern und Betriebsräten im individuellen und kollektiven Arbeitsrecht
Langjähriger Dozent für Schulungen für Betriebsräte im Arbeits- und Betriebsverfassungsrecht

Prof. Dr. Marc Hadyk, LL.M. (San Diego)
Rechtsanwalt
Vertretung und Beratung von Arbeitnehmern und Betriebsräten im individuellen und kollektiven Arbeitsrecht
Langjähriger Dozent für Schulungen für Betriebsräte im Arbeits- und Betriebsverfassungsrecht
ra.hadyk@rechtsanwaltskanzlei-hadyk.hamburg

Inhaltsübersicht

Der Inhalt der 3. Auflage entspricht dem Inhalt der Online-Edition 40/2025

betriebsrat-plus.beck.de
vahlen.de

ISBN 978 3 8006 7880 8

Wilhelmstraße 9, 80801 München
info@vahlen.de
Druck und Bindung: Himmer GmbH
Steinerne Furt 95, 86167 Augsburg

Redaktion: Sandra Eden, Ass. jur., Verlag Franz Vahlen GmbH, München

Satz: Druckerei C.H.Beck, Nördlingen
Umschlag: Martina Busch, Grafikdesign, Homburg Saar

myclimate shape our future

vahlen.de/nachhaltig
produktsicherheit.vahlen.de

Gedruckt auf säurefreiem, alterungsbeständigem Papier
(hergestellt aus chlorfrei gebleichtem Zellstoff)

I. Begriff des Urlaubs

In diesem Kapitel werden die Grundlagen zum Thema Urlaub erläutert: Allgemeine Begriffsbestimmungen zum Arbeitsverhältnis, zum Urlaub, zu den verschiedenen Arten von Urlaub und den Urlaubsansprüchen des einzelnen Arbeitnehmers. Die Ausführungen dienen dazu, die grundsätzlichen Möglichkeiten des Betriebsrats in diesen Bereichen aufzuzeigen. Außerdem werden die Vorgaben des BUrlG zum gesetzlichen Mindesturlaub erläutert.

1. Ist ein Arbeitsverhältnis Voraussetzung für den Urlaubsanspruch?

Ja. Zwingende Voraussetzung für die Urlaubsgewährung ist das Bestehen eines Arbeitsverhältnisses.

Praxistipp

Für das Bestehen eines Arbeitsverhältnisses ist dem Grunde nach nicht das Vorliegen eines Arbeitsvertrags notwendig, vielmehr begründet das Arbeiten selbst ein Arbeitsverhältnis. Gesetzlich vorgeschrieben ist allein, dass innerhalb der gesetzlichen Fristen die wesentlichen Bestimmungen schriftlich festzulegen sind (§ 2 Abs. 1 S. 9 NachwG).

Das Arbeitsverhältnis basiert auf dem Gedanken der **Wechselseitigkeit**. Der Arbeitgeber bietet Arbeit an, der Arbeitnehmer bietet seine Arbeitsleistung an und begründet damit den Anspruch auf Vergütung (**Hauptleistungspflichten**). Als Rechtsgrundlage dafür dient das Recht des **Dienstvertrags** (§ 611 BGB); der Begriff des Arbeitsvertrags wird in § 611a BGB definiert. Aus arbeitsrechtlicher Sicht stellt das Arbeitsverhältnis ein sog. Dauerschuldverhältnis dar. Beide Vertragsparteien sind zu ihren Leistungen sowie auf die Rechte, Rechtsgüter und Interessen zur Rücksichtnahme (**Nebenleistungspflichten**) verpflichtet. Rechtsfolge eines bestehenden Arbeitsverhältnisses ist die Entstehung von Urlaubsansprüchen, die zwingend gewährt und genommen werden müssen, um die Regeneration des Arbeitnehmers zu gewährleisten.

2. Wer hat Anspruch auf Urlaub?

Der Anspruch auf Urlaub besteht in allen Arbeitsverhältnissen. Auch Auszubildende haben Anspruch auf Urlaub. Für sie greifen entweder die Regelungen des BUrlG – wenn der Auszubildende bereits volljährig ist – oder die Vorschriften des Gesetzes zum Schutze der arbeitenden Jugend (JArbSchG). Unterliegt der Auszubildende dem JArbSchG, gelten abweichend von dem BUrlG speziellere Regelungen (→ *Frage 10: Welchen Urlaubsanspruch haben Jugendliche?*).

Auch ein Arbeitnehmer, der teilzeitbeschäftigt ist, hat Anspruch auf Urlaub. Teilzeitbeschäftigt ist ein Arbeitnehmer, dessen regelmäßige Wochenarbeitszeit kürzer ist als die eines vergleichbaren vollzeitbeschäftigten Arbeitnehmers (§ 2 Abs. 1 S. 1 TzBfG). Ein teilzeitbeschäftigter Arbeitnehmer darf wegen der Teilzeitarbeit nicht schlechter behandelt werden als ein vergleichbarer vollzeitbeschäftigter Arbeitnehmer, es sei denn, dass sachliche Gründe eine unterschiedliche Behandlung rechtfertigen (§ 4 Abs. 1 S. 1 TzBfG). Der Urlaubsanspruch eines teilzeitbeschäftigten Arbeitnehmers hängt jedoch davon ab, in welchem Umfang er werktäglich arbeitet. Die Berechnung des Urlaubsanspruchs erfolgt nach folgender Formel:

Beispiel

Urlaubsanspruch in Werktagen (24) : Werktage (6) x Arbeitstage pro Woche = Urlaubsanspruch

- *5-Tage-Woche: 24 : 6x 5 = 20 Urlaubstage*
- *4-Tage-Woche: 24 : 6x 4 = 16 Urlaubstage*

Auch ein Arbeitnehmer, der einen sog. „Minijob" ausübt, hat Anspruch auf Urlaub. Bei einem Minijob handelt es sich um eine geringfügige Beschäftigung im Sinne von § 8 Abs. 1 SGB IV. Ein Arbeitnehmer, der eine geringfügige Beschäftigung ausübt, gilt als teilzeitbeschäftigt (§ 2 Abs. 2 SGB IV).

Das bedeutet, die Ausführungen hinsichtlich eines Arbeitnehmers, der teilzeitbeschäftigt ist, gelten entsprechend.

3. Gilt im Arbeitsrecht immer der Grundsatz: „Ohne Arbeit kein Lohn"?

Nein. Grundsätzlich schuldet der Arbeitgeber nur dann eine Vergütung, wenn der Arbeitnehmer seine Leistung angeboten hat. Dem Gegenseitigkeitsverhältnis (*Synallagma*) entsprechend ist die jeweilige Partei nicht zur Erbringung ihrer Leistung verpflichtet, wenn die andere Partei ihrer Verpflichtung nicht nachgekommen ist, es sei denn, die säumige Partei hat die Nichterbringung der Leistung nicht zu vertreten. In der arbeitsrechtlichen Praxis steht diese Rechtsfolge – der Arbeitnehmer arbeitet nicht, aber er kann nichts dafür – häufig in Verbindung mit dem sog. Betriebsrisiko des Arbeitgebers: Der Arbeitnehmer kann nur deswegen nicht arbeiten, weil der Arbeitgeber ihm keine Arbeit anbieten kann.

Neben dieser Ausnahme gibt es weitere Ausnahmen vom Grundsatz „Ohne Arbeit kein Lohn": Einer dieser (gesetzlichen) Ausnahmetatbestände ist der zwingend vom Arbeitgeber zu gewährende und andererseits ebenso zwingend vom Arbeitnehmer in Anspruch zu nehmende Urlaub. Die Rechtsfolge davon ist, dass der Arbeitgeber dem Arbeitnehmer eine Vergütung zu leisten hat, ohne dass dieser gearbeitet hat.

4. Wie lautet die Definition für Urlaub?

Der Begriff Urlaub wird sowohl im kollektivarbeitsrechtlichen als auch im individualarbeitsrechtlichen Zusammenhang als **bezahlte Freistellung von der Arbeitspflicht** verstanden. Das **Kollektivarbeitsrecht** betrifft entweder alle Arbeitnehmer eines Betriebs oder eine abgrenzbare Gruppe von Arbeitnehmern. Der Betriebsrat ist für solche Angelegenheiten zuständig, die allgemein für den Betrieb oder Betriebsteile sowie für alle Arbeitnehmer oder Gruppen von Arbeitnehmern gelten bzw. gelten sollen. Kollektivarbeitsrechtlich stellt das Thema Urlaub iSd BetrVG eine soziale Angelegenheit dar (§ 87 Abs. 1 Nr. 5 BetrVG). Das **Individualarbeitsrecht** betrifft das unmittelbare und persönliche Arbeitsverhältnis zwischen dem Arbeitgeber und dem einzelnen Arbeitnehmer. Hier ist jeder Arbeitnehmer individuell berechtigt und verpflichtet, Ansprüche im Rechtsverhältnis mit dem Arbeitgeber geltend zu machen bzw. diesen ausgesetzt zu sein. Im Individualarbeitsrecht durchbricht das Urlaubsrecht bzw. die Gewährung und Inanspruchnahme von Urlaub den Grundsatz „Ohne Arbeit kein Lohn".

5. Gibt es verschiedene Arten von Urlaub?

Ja, Urlaub ist nicht gleich Urlaub. Es gibt folgende „Arten" von Urlaub:

- bezahlter Erholungsurlaub (Grundsatz)
- Sonderurlaub wie zB
  - unbezahlter Sonderurlaub (Beispiel: Sabbatical)
  - allgemeine Regeln betreffend Sonderurlaub für ausländische Arbeitnehmer (BAG 18.6.1974 – 1 ABR 25/73)
  - allgemeine Regeln betreffend die Erteilung von Bildungsurlaub (BAG 28.5.2002 – 1 ABR 37/01)
- Betriebsferien aufgrund betrieblicher Gründe

Darüber hinaus gibt es für Arbeitnehmer mit einem Grad der Behinderung (GdB) von mindestens 50 (§ 2 Abs. 2 SGB IX) einen Sonderurlaub von fünf Arbeitstagen im Urlaubsjahr, basierend auf einer Fünf-Arbeitstage-Woche. Dieser Sonderurlaub ist gesondert von den vorgenannten Urlaubsarten zu behandeln (§ 208 Abs. 1 SGB IX).

6. Gibt es einen gesetzlichen Mindesturlaub?

Ja. Gemäß der gesetzlichen Vorgaben des BUrlG beträgt der jährliche Mindesturlaub mindestens **24 Werktage** (§ 3 Abs. 1 BUrlG). Als Werktage gelten alle Kalendertage, die nicht Sonn- oder gesetzliche Feiertage sind (§ 3 Abs. 2 BUrlG). Der Gesetzgeber geht also von einer – jedenfalls im Zusammenhang mit der Gewährung von Urlaubsansprüchen – Sechs-Arbeitstage-Woche aus. Bei einer Sechs-Arbeitstage-Woche stehen dem Arbeitnehmer umgerechnet mindestens vier Wochen Urlaub zu. Arbeitet ein Arbeitnehmer hingegen weniger als sechs Tage in der Woche, muss der Mindesturlaub aus Gründen der Gerechtigkeit und Transparenz entsprechend angepasst werden. Der gesetzliche Mindesturlaub beläuft sich im Ergebnis immer auf vier Wochen. Aufgrund dieser Grundsätze müssen bei

- Schichtarbeit
- Blockarbeit (Beispiel: Zwei Wochen im Monat muss gearbeitet werden, die restliche Zeit des Monats ist frei)
- Teilzeitarbeit und
- sonstigen Arbeitsverhältnissen

diese „besonderen" Arbeitsformen berücksichtigt werden und eine Anpassung erfolgen, die dem Verhältnis von Arbeitszeit und Urlaubszeit gerecht wird.

Praxistipp

Für Arbeitnehmer, die weniger als sechs Tage in der Woche arbeiten, ist der gesetzliche Anspruch von 24 Werktagen in Arbeitstage umzurechnen. Wer zum Beispiel fünf Tage in der Woche arbeitet, hat einen Anspruch auf 20 Arbeitstage Urlaub entsprechend der folgenden Formel:

- *24 Werktage : 6 Werktage = 4 Wochen Urlaub*
- *4 Wochen x 5 Arbeitstage = 20 Arbeitstage Urlaub*

Wer nur vier Tage in der Woche arbeitet, hat somit einen Anspruch auf 16 Arbeitstage Urlaub:

- *24 Werktage : 6 Werktage = 4 Wochen Urlaub*
- *4 Wochen x 4 Arbeitstage = 16 Arbeitstage Urlaub*

7. Wie wirkt sich Sonderurlaub auf den gesetzlichen Mindesturlaub aus?

Bislang hat das BAG die Ansicht vertreten, dass der Anspruch auf den gesetzlichen Mindesturlaub trotz unbezahlten Sonderurlaubs besteht und der Arbeitgeber nicht berechtigt ist, den gesetzlichen Mindesturlaub zu kürzen. Diese Rechtsprechung hat das BAG inzwischen ausdrücklich aufgegeben. In seiner Entscheidung (BAG 19.3.2019 – 9 AZR 315/17) stellt es klar, dass für die Berechnung des gesetzlichen Mindesturlaubs Zeiten eines unbezahlten Sonderurlaubs unberücksichtigt bleiben.

Befindet sich also ein Arbeitnehmer im Urlaubsjahr ganz oder teilweise im unbezahlten Sonderurlaub, ist bei der Berechnung der Urlaubsdauer zu berücksichtigen, dass die Arbeitsvertragsparteien ihre Hauptleistungspflichten durch die Vereinbarung von Sonderurlaub vorübergehend ausgesetzt haben. Dies führt dazu, dass einem Arbeitnehmer für ein Kalenderjahr, in dem er sich durchgehend im unbezahlten Urlaub befindet („Sabbatjahr"), mangels einer Arbeitspflicht kein Anspruch auf Erholungsurlaub zusteht.

8. Darf der Arbeitgeber für die Elternzeit den Urlaubsanspruch kürzen?

Grundsätzlich besteht der gesetzliche Urlaubsanspruch nach §§ 1, 3 Abs. 1 BUrlG auch für den Zeitraum der Elternzeit. Der Arbeitgeber **kann** jedoch nach **§ 17 Abs. 1 S. 1 BEEG** den Urlaub **kürzen**. Der EuGH hat entschieden, dass § 17 Abs. 1 S. 1 BEEG nicht gegen Unionsrecht verstößt (EuGH 4.10.2018 – C-12/17). Der EuGH begründet dies damit, dass es nicht zwingend sei, Arbeitnehmer, die wegen Elternzeit nicht zur Arbeitsleistung verpflichtet waren, solchen Arbeitnehmern gleichzustellen, die in diesem Zeitraum tatsächlich gearbeitet haben.

Gemäß § 17 Abs. 1 S. 1 BEEG kann der Arbeitgeber den Erholungsurlaub, der einem Arbeitnehmer zusteht, für jeden vollen Kalendermonat der Elternzeit um ein Zwölftel kürzen. Das BAG hat in einer neueren Entscheidung (BAG 19.3.2019 – 9 AZR 362/18) klargestellt, dass das Kürzungsrecht auch den vertraglichen Mehrurlaub umfasst, sofern die Parteien keine von § 17 Abs. 1 S. 1 BEEG abweichende Regelung vereinbart haben. Das BAG hat jedoch auch entschieden, dass der Urlaub **nicht automatisch** gekürzt werden darf. Wenn der Arbeitgeber von seinem Kürzungsrecht Gebrauch machen will, dann muss er eine darauf gerichtete empfangsbedürftige **rechtgeschäftliche Erklärung abgeben.** Es muss also für den Arbeitnehmer erkennbar sein, dass der Arbeitgeber von der Kürzungsmöglichkeit Gebrauch machen will. Diese Erklärung kann bis zum Ende des Arbeitsverhältnisses nachgeholt werden (BAG 16.4.2024 – 9 AZR 165/23).

9. Was gilt, wenn regelmäßig am Sonntag gearbeitet wird?

Das BAG hat entschieden, dass im Falle von regelmäßiger Sonntagsarbeit der Sonntag als ein Werktag qualifiziert wird und dann auch der Sonntag ein Sechstel einer 6-Arbeitstage-Woche ist (BAG 15.1.2013 – 9 AZR 430/11).

10. Welchen Urlaubsanspruch haben Jugendliche?

Auch jugendliche Arbeitnehmer haben Anspruch auf Urlaub. Unterliegt der Jugendliche dem JArbSchG, richtet sich sein Urlaub nach § 19 Abs. 2 S. 1 JArbSchG. Der Urlaub beträgt jährlich:

1. mindestens 30 Werktage, wenn der Jugendliche zu Beginn des Kalenderjahrs noch nicht 16 Jahre alt ist,
2. mindestens 27 Werktage, wenn der Jugendliche zu Beginn des Kalenderjahrs noch nicht 17 Jahre alt ist,
3. mindestens 25 Werktage, wenn der Jugendliche zu Beginn des Kalenderjahrs noch nicht 18 Jahre alt ist.

Jugendliche, die im Bergbau unter Tage beschäftigt werden, erhalten in jeder Altersgruppe einen zusätzlichen Urlaub von drei Werktagen (§ 19 Abs. 2 S. 2 JArbSchG). Der Urlaub soll Berufsschülern in der Zeit der Berufsschulferien gegeben werden (§ 19 Abs. 3 S. 1 JArbSchG). Soweit er nicht in den Berufsschulferien gegeben wird, ist für jeden Berufsschultag, an dem die Berufsschule während des Urlaubs besucht wird, ein weiterer Urlaubstag zu gewähren (§ 19 Abs. 3 S. 2 JArbSchG).

11. Welchen Urlaubsanspruch haben Schwerbehinderte?

Arbeitnehmer, deren anerkannte Schwerbehinderung (mind. GdB 50, vgl. § 2 Abs. 2 SGB IX) das gesamte Kalenderjahr besteht, erhalten einen Zusatzurlaub von 5 Tagen (§ 208 Abs. 1 SGB IX).

Praxistipp

Besteht die Schwerbehinderteneigenschaft nicht während des gesamten Kalenderjahres, so hat der schwerbehinderte Arbeitnehmer für jeden vollen Monat der im Beschäftigungsverhältnis vorliegenden Schwerbehinderteneigenschaft einen Anspruch auf ein Zwölftel des Zusatzurlaubs nach § 208 Abs. 2 S. 1 SGB IX. Bruchteile von Urlaubstagen, die mindestens einen halben Tag ergeben, sind auf volle Urlaubstage aufzurunden. Der so ermittelte Zusatzurlaub ist dem Erholungsurlaub hinzuzurechnen und kann bei einem nicht im ganzen Kalenderjahr bestehenden Beschäftigungsverhältnis nicht erneut gemindert werden.

12. Ab wann entstehen Urlaubsansprüche nach dem BUrlG?

Der gesetzliche Urlaubsanspruch entsteht **erstmalig** dann in voller Höhe, wenn das Arbeitsverhältnis länger als sechs Monate besteht. Die sog. Wartezeit ist nach den ersten sechs Monaten und einer juristischen Sekunde abgelaufen (§ 4 BUrlG). Diese Norm ist dispositiv und kann abgeändert werden, allerdings nur zugunsten des Arbeitnehmers. Deshalb sind Verkürzungen der Wartezeit auf weniger als sechs Monate erlaubt, Verlängerungen hingegen nicht.

Praxistipp

Die Gewährung des beantragten Urlaubs obliegt dem Arbeitgeber. Ein im Betrieb vorhandener Betriebsrat kann erheblich in die unternehmerische Freiheit des Arbeitgebers eingreifen, da die Gewährung zusammen mit dem Betriebsrat geregelt werden kann (→ Frage 41: Gewährt das BetrVG eine Beteiligung beim Thema Urlaub?).

13. Was gilt, wenn das Arbeitsverhältnis erst zum 1.7. eines Jahres beginnt?

Wird ein Arbeitsverhältnis erst in der zweiten Kalenderjahreshälfte eines Jahres begründet, kann der Arbeitnehmer in diesem Jahr keinen Vollurlaubsanspruch (§ 4 BUrlG) erwerben (BAG 17.11.2015 – 9 AZR 179/15). Der volle Urlaubsanspruch wird erstmalig nach Ablauf der Wartezeit, mithin nach sechsmonatigem Bestehen des Arbeitsverhältnisses erworben (→ *Frage 12: Ab wann entstehen Urlaubsansprüche iSd BUrlG?*). Insoweit entsteht lediglich ein Teilurlaubsanspruch (§ 5 BUrlG; → *Frage 15: Gibt es neben den Vollurlaubs- auch Teilurlaubsansprüche?)*. Vergleichbar ist die Situation, wenn der Arbeitnehmer nach erfüllter Wartezeit in der ersten Hälfte eines Kalenderjahres aus dem Arbeitsverhältnis ausscheidet (§ 5 Abs. 1 Buchst. c BUrlG).

14. Geht ein Vollurlaubsanspruch nach einer kurzfristigen Unterbrechung des Arbeitsverhältnisses verloren?

Nein. Jedenfalls dann nicht, wenn die Arbeitsvertragsparteien vor Beendigung ihres Arbeitsverhältnisses die Begründung eines neuen Arbeitsverhältnisses vereinbaren und nur eine **kurzfristige Unterbrechung** eintritt. Dann sind beide Arbeitsverhältnisse urlaubsrechtlich als Einheit zu betrachten (BAG 20.10.2015 – 9 AZR 224/14). Das BAG hat entschieden, dass in Fällen, in denen bereits bei Beendigung des ersten Arbeitsverhältnisses vereinbart wurde, dass ein zweites Arbeitsverhältnis folgen wird und die Unterbrechung nur von kurzer Dauer sein wird, ein Anspruch auf ungekürzten Vollurlaub (§ 4 BUrlG) entsteht, wenn das zweite Arbeitsverhältnis nach erfüllter Wartezeit in der zweiten Hälfte des Kalenderjahres endet (BAG 22.10.2015 – 9 AZR 224/14).

Praxistipp

Der Begriff „kurzfristig" müsste im konkreten Einzelfall ausgelegt werden, sollten die Arbeitsvertragsparteien unterschiedlicher Auffassung sein, was noch „kurzfristig" ist. Um als Arbeitnehmer sicher zu gehen, sollte alles getan werden, um die Unterbrechung wirklich so kurz wie möglich zu halten; mithin direkt den Anschluss des neuen Arbeitsverhältnisses fordern bzw. diesen als Verhandlungsvorgabe unbedingt anführen.

15. Gibt es neben den Vollurlaubs- auch Teilurlaubsansprüche?

Ja. Das BUrlG regelt folgende Fälle: Anspruch auf ein Zwölftel des Jahresurlaubs für jeden vollen Monat des Bestehens des Arbeitsverhältnisses hat der Arbeitnehmer

- für Zeiten eines Kalenderjahrs, für die er wegen Nichterfüllung der Wartezeit in diesem Kalenderjahr keinen vollen Urlaubsanspruch erwirbt (§ 5 Abs. 1 lit. a BUrlG), zB wenn der Arbeitnehmer erst am 1.9. eines Jahres in das Unternehmen eintritt;
- wenn er vor erfüllter Wartezeit aus dem Arbeitsverhältnis ausscheidet (§ 5 Abs. 1 lit. b BUrlG), also zB im Rahmen einer "Probezeitkündigung";
- wenn er nach erfüllter Wartezeit unterjährig aus dem Arbeitsverhältnis ausscheidet (§ 5 Abs. 1 lit. c BUrlG), also wenn der Arbeitnehmer beispielsweise am 1.1. in das Unternehmen eingetreten ist und dieses am 30.9. wieder verlässt.

Sollte der Arbeitnehmer nicht sechs Tage pro Woche arbeiten, bedarf es einer Umrechnung (Beispiel: 20 Urlaubstage geteilt durch 12 ergibt den monatlichen Urlaubsanspruch). Demzufolge können auch Bruchteile von Urlaubsansprüchen entstehen.

Praxistipp

Sollten sich Bruchteile ergeben, werden Bruchteile ab 0,5 Urlaubstage auf volle Urlaubstage aufgerundet (§ 5 Abs. 2 BUrlG).

Beispiel

Abzustellen ist auf die Monate des Bestehens des Arbeitsverhältnisses, nicht auf die Kalendermonate. Beginnt das Arbeitsverhältnis am 15.6., so ist ***ein*** *Zwölftel des Jahresurlaubs mit Ablauf des 15.7. entstanden. Der Arbeitnehmer kann hingegen nicht verlangen, dass ihm* ***zwei*** *Zwölftel* *des Jahresurlaubes zustehen, weil er in den beiden Monaten Juni und Juli beschäftigt war.*

16. Entsteht ein Teilurlaubsanspruch, wenn das Arbeitsverhältnis erst im laufenden Jahr beginnt?

Ja. Beginnt das Arbeitsverhältnis im laufenden Kalenderjahr, begründet sich für den Arbeitnehmer erst später ein

- Urlaubsanspruch in voller Höhe und somit ein
- geringerer Urlaubsanspruch, dh. ein sog. Teilurlaubsanspruch nach § 5 BurlG (→ *Frage 15: Gibt es neben den Vollurlaubs- auch Teilurlaubsansprüche?*) im ersten Kalenderjahr.

Die Berechnung von Urlaubsansprüchen abhängig von dem Zeitpunkt der Begründung des Arbeitsverhältnisses spiegelt wider, dass ein Arbeitnehmer, dessen Arbeitsverhältnis erst kürzlich begonnen hat, nicht mit einem Kollegen verglichen werden kann, der sich bereits in einem länger bestehenden Arbeitsverhältnis befindet. Diese urlaubsrechtliche Differenzierung und unterschiedliche Behandlung der Arbeitnehmer stellt keine Diskriminierung iSd allgemeinen Gleichbehandlungsgrundsatzes dar.

17. Hat ein Arbeitgeberwechsel Auswirkungen auf den Urlaub?

Nein. Das BUrlG schließt aus, dass ein Arbeitnehmer, der während des laufenden Kalenderjahres den Arbeitgeber wechselt, doppelt Urlaub gewährt bekommt. Nach Vorgabe des BUrlG besteht kein Anspruch auf Urlaub, wenn dem Arbeitnehmer für das laufende Kalenderjahr bereits von einem früheren Arbeitgeber Urlaub gewährt wurde (§ 6 Abs. 1 BUrlG).

Praxistipp

Um Doppelansprüche auf Gewährung von Urlaub auszuschließen, hat der Arbeitgeber im Rahmen der ordnungsgemäßen Abwicklung des Arbeitsverhältnisses die Verpflichtung, dem Arbeitnehmer eine Bescheinigung über den im laufenden Kalenderjahr gewährten oder abgegoltenen Urlaub auszuhändigen (§ 6 Abs. 2 BUrlG).

18. Regelt das BUrlG, für welche Dauer ein Urlaub beantragt bzw. gewährt werden muss?

Ja. Grundsätzlich stellt das BUrlG den Grundsatz auf, dass der gesamte Erholungsurlaub zusammenhängend vom Arbeitnehmer zu beantragen bzw. vom Arbeitgeber zu gewähren ist (§ 7 Abs. 2 S. 1 BUrlG). Ist eine zusammenhängende Urlaubsgewährung aus

- dringenden betrieblichen Gründen oder
- in der Person des Arbeitnehmers liegenden Gründen

nicht möglich, ist der Urlaub aufzuteilen (§ 7 Abs. 2 S. 1 BUrlG). Im Falle der – von dem Gesetzgeber eigentlich als Ausnahme vorgesehenen, in der Praxis wohl aber den Grundsatz darstellenden – Urlaubsteilung gilt zwingend Folgendes: Kann der Urlaub aus einem der o. g. Gründe nicht zusammenhängend gewährt werden und hat der Arbeitnehmer Anspruch auf Urlaub von mehr als zwölf Werktagen, so muss einer der Urlaubsteile mindestens zwölf aufeinanderfolgende Werktage umfassen (§ 7 Abs. 2 S. 2 BUrlG).

Praxistipp

Die zwölf Werktage stehen für zwei Urlaubswochen. Dies sieht die Regelung im BUrlG vor, wonach als Werktage alle Kalendertage gelten, die nicht Sonn- oder gesetzliche Feiertage sind (§ 3 Abs. 2 BurlG).

19. Ist es möglich, Urlaub auf das nächste Jahr zu übertragen?

Ja. Grundsätzlich soll der Urlaub zwar innerhalb eines Kalenderjahres genommen werden (§ 7 Abs. 3 S. 1 BUrlG). Dahinter steht die gesetzgeberische Intention, dass die Arbeitnehmer sich regenerieren sollen, um medizinische Ermüdung bis hin zu Ausfällen zu vermeiden. Insoweit kann das BUrlG und dessen Regelungsgehalt sicherlich als gesetzgeberischer Ausdruck der Fürsorgepflicht verstanden werden. Deswegen gibt es auch einen gesetzlichen Mindesturlaub, der von den Arbeitnehmern auch als solcher wahrgenommen und eingehalten werden sollte. Er sollte nicht als „Freizeit" verstanden werden, innerhalb derer zB einer Arbeit nachgegangen werden kann, die sich negativ auf die Regeneration des Körpers und Geistes auswirken könnte (→ *Frage 26: Darf während des Urlaubs eine Erwerbstätigkeit ausgeübt werden?*). Dennoch gibt es von dem Grundsatz zwei Ausnahmen, siehe dazu → *Frage 21: Unter welchen Voraussetzungen kann Urlaub übertragen werden?*

20. Kann ein Urlaub nach Belieben übertragen werden?

Nein. Um dem Zweck des Erholungsurlaubs gerecht zu werden, ist nach Vorgabe des BUrlG eine Übertragung und damit Hinzurechnung des nicht gewährten bzw. nicht beantragten Urlaubs zu den im neuen Urlaubsjahr entstehenden Urlaubsansprüchen nur bis zum Ablauf des ersten Quartals des Folgejahres möglich (§ 7 Abs. 3 S. 3 BUrlG). Zu beachten sind diesbezüglich jedoch die Ausführungen zu → *Frage 34: Unter welchen Voraussetzungen kann Urlaub verfallen?*, da unter gewissen Voraussetzungen eine weitergehende Übertragung des Urlaubsanspruchs möglich ist.

21. Unter welchen Voraussetzungen kann Urlaub übertragen werden?

Es bedarf eines

- dringenden betrieblichen Grundes (zB Urlaubssperre in der Hochsaison) oder
- in der Person des Arbeitnehmers liegenden Grundes (zB krankheitsbedingte Arbeitsunfähigkeit)

damit der noch nicht genommene (Rest-)Urlaub auf das nächste Kalenderjahr übertragen werden kann.

Praxistipp

Zu erledigende Arbeit an sich ist kein dringender betrieblicher Grund, um Urlaub nicht zu gewähren. Ebenso begründet der Wunsch des Arbeitnehmers, statt in den letzten Kalendermonaten eines Jahres in den ersten Monaten des Folgejahres in den Urlaub gehen zu wollen, keine rechtliche Dringlichkeit, um den Urlaub zu übertragen (ErfK/Gallner BUrlG § 7 Rn. 61).

22. Was versteht man unter „dringenden betrieblichen Gründen"?

Damit der Arbeitgeber aus dringenden betrieblichen Gründen den beantragten Urlaub ablehnen darf, muss er überwiegende Interessen gegenüber den Interessen des Arbeitnehmers (zB Regeneration, Familie, Freizeitgestaltung) haben. Beispiele für dringende betriebliche Gründe sind (ErfK/Gallner BUrlG § 7 Rn. 61):

- Die Auftragslage zum Jahresende erfordert die Anwesenheit des Arbeitnehmers.
- Anderen Arbeitnehmer ist für den beantragten Zeitraum bereits Urlaub gewährt worden, so dass aus Gründen des Betriebsablaufs und dessen Organisation der Urlaubswunsch abzulehnen ist.
- Es handelt sich um eine besonders arbeitsintensive Zeit wie zB Messe, Veranstaltungen, Festspiele.

Praxistipp

*Es reichen hier nicht „betriebliche Gründe" aus, sondern es müssen **„dringende** betriebliche Gründe" vorliegen. Vor allem reicht es nicht aus, dass Arbeit vorhanden ist.*

23. Was sind „in der Person des Arbeitnehmers liegende Gründe"?

In der Person des Arbeitnehmers liegende Gründe, die ihn daran „hindern", seinen Urlaubswunsch wahrzunehmen, können sein (ErfK/Gallner BUrlG § 7 Rn. 62):

- eine Erkrankung und die damit verbundene krankheitsbedingte Arbeitsunfähigkeit zum Jahresende,
- mutterschutzrechtliche Beschäftigungsverbote für die Zeit vor bzw. nach der Entbindung. Vgl. dazu aber auch die speziellere Vorschrift des § 24 S. 2 MuSchG, wonach für den Fall, dass die Frau ihren Urlaub vor Beginn des Beschäftigungsverbots nicht oder nicht vollständig erhalten hat, nach Ablauf der Frist den Resturlaub im laufenden oder im nächsten Urlaubsjahr beanspruchen kann.

24. Muss der Arbeitgeber der Übertragung des Urlaubs zustimmen?

Nein. Liegen die Voraussetzungen der Übertragung vor (→ *Frage 19: Ist es möglich, Urlaub auf das nächste Jahr zu übertragen?*), bedarf es weder einer Zustimmung durch den Arbeitgeber noch kann die Übertragung verweigert werden (zuletzt BAG 9.8.1994 – 9 AZR 384/92). Der Anspruch ergibt sich aus der gesetzlichen Regelung.

Praxistipp

Tatsächlich wird der nicht gewährte bzw. nicht beantragte (Rest-)Urlaub zum dem im neuen Jahr entstandenen Erholungsurlaubsanspruch hinzugerechnet. Der übertragene Urlaub muss allerdings im ersten Quartal des neuen Jahres gewährt und genommen werden.

25. Kann der Urlaub verfallen, wenn das Arbeitsverhältnis endet?

Nein, vielmehr wandelt er sich in einen Geldanspruch um. Kann der Urlaub wegen der Beendigung des Arbeitsverhältnisses ganz oder teilweise nicht mehr gewährt werden, so ist er finanziell abzugelten (§ 7 Abs. 4 BUrlG).

Praxistipp

Zur ordnungsgemäßen Abwicklung des Arbeitsverhältnisses gehört es daher auch, den noch bestehenden Resturlaub finanziell abzugelten oder eine unwiderrufliche Freistellung unter Anrechnung des verbleibenden Resturlaubs zu gewähren bzw. zu vereinbaren.

26. Darf während des Urlaubs eine Erwerbstätigkeit ausgeübt werden?

Nein. Während des Urlaubs darf der Arbeitnehmer keine dem Urlaubszweck widersprechende Erwerbstätigkeit leisten (§ 8 BUrlG). Dieses Verbot leitet sich aus dem Regenerationszweck des Urlaubs ab (ErfK/Gallner BUrlG § 1 Rn. 1 ff.). Die Arbeitnehmer sollen – gesetzlich zwingend vorgeschrieben – die Möglichkeit haben, abzuschalten und ohne Furcht vor arbeitsrechtlichen Sanktionen der Arbeit fern zu bleiben. Sinn und Zweck dieser Regelung für die Arbeitgeber ist, neben wirtschaftlichen Interessen, dass die Arbeitnehmer regeneriert aus dem Urlaub kommen und entsprechend „fit" die Arbeitsleistung erbringen zu können. Sollte dies nicht der Fall sein, weil sich der Arbeitnehmer nicht regeneriert hat, könnte ein Arbeitgeber auf die Idee kommen, dies als Anknüpfungspunkt einer arbeitsrechtlichen Sanktionen (zB Abmahnung, Kündigung) zu nehmen. Die Rechtmäßigkeit einer solchen individualarbeitsrechtlichen Sanktion müsste im Einzelfall geprüft werden. Allerdings führt eine urlaubszweckwidrige Erwerbstätigkeit nicht dazu, dass der gewährte Urlaub entfällt (LAG RhPf 23.5.2014 – 7 Sa 66/14)

Praxistipp

Während des Urlaubs sollte daher

- *weder einer Erwerbstätigkeit nachgegangen werden*
- *noch zu viel „privat" gearbeitet werden.*

Selbstverständlich können einfache Arbeiten während des Urlaubs erledigt werden, aber sobald eine Tätigkeit die Möglichkeit zur Regeneration ernsthaft und konkret gefährdet, sollte diese unbedingt vermieden werden.

27. Was gilt, wenn der Arbeitnehmer während des Urlaubs krank ist?

Erkrankt ein Arbeitnehmer während des Urlaubs, so werden die durch ärztliches Zeugnis nachgewiesenen Tage der krankheitsbedingten Arbeitsunfähigkeit auf den Jahresurlaub nicht angerechnet (§ 9 BUrlG). Das bedeutet, dass die Tage der Arbeitsunfähigkeit nicht als Urlaubstage abgezogen werden. Der Urlaub verlängert sich aber nicht automatisch um die Krankheitstage.

Praxistipp

Befindet sich der Arbeitnehmer zu Beginn der Arbeitsunfähigkeit im Urlaub, muss er sich die Arbeitsunfähigkeit bereits ab dem ersten Krankheitstag ärztlich attestieren lassen, da er andernfalls den Urlaub nicht wieder gutgeschrieben erhält (§ 9 BUrlG).

28. Dürfen Maßnahmen der medizinischen Vorsorge oder Rehabilitation auf den Urlaub angerechnet werden?

Nein. Maßnahmen der medizinischen Vorsorge oder Rehabilitation dürfen nicht auf den Urlaub angerechnet werden, soweit ein Anspruch auf Fortzahlung des Arbeitsentgelts nach dem EFZG im Krankheitsfall besteht (§ 10 BUrlG).

29. Bekommen die Arbeitnehmer während des Urlaubs weiterhin Lohn?

Ja. Urlaub ist eine Ausnahme von dem Grundsatz: „Ohne Arbeit kein Lohn“ (→ *Frage 3: Gilt im Arbeitsrecht immer der Grundsatz: „Ohne Arbeit kein Lohn“?*), sodass dem urlaubsabwesenden Arbeitnehmer, trotz des Umstandes nicht zu arbeiten, dennoch der Anspruch auf Lohn zusteht. Es handelt sich laut BUrlG um sog. **Urlaubsentgelt** (§ 11 BUrlG). Der Anspruch auf Urlaubsentgelt besteht sogar dann, wenn der Arbeitnehmer während des Urlaubs einer nicht erlaubten Erwerbstätigkeit nachgeht. Der Arbeitgeber darf das Urlaubsentgelt in diesen Fällen nicht kürzen. In Betracht kommen aber Schadensersatzansprüche des Arbeitgebers, Unterlassungsansprüche oder das Recht zur Kündigung (BAG 25.2.1988 – 8 AZR 596/85; LAG RhPf 23.5.2014 – 7 Sa 66/14).

30. Wie wird die Höhe des Urlaubsentgelts ermittelt?

Das Urlaubsentgelt bemisst sich nach dem durchschnittlichen Arbeitsverdienst, den der Arbeitnehmer in den letzten 13 Wochen vor dem Beginn des Urlaubs erhalten hat, mit Ausnahme des zusätzlich für Überstunden gezahlten Arbeitsverdienstes (§ 11 Abs. 1 S. 1 BUrlG). Neben diesem Grundsatz berücksichtigt das BUrlG bei der Berechnung des Urlaubsentgelts finanzielle Schwankungen beim Arbeitsverdienst:

- Bei nicht nur vorübergehenden Verdiensterhöhungen, die während des Berechnungszeitraums von 13 Wochen oder des Urlaubszeitraums eintreten, ist von dem erhöhten Verdienst auszugehen (§ 11 Abs. 1 S. 2 BUrlG).
- Verdienstkürzungen, die im Berechnungszeitraum von 13 Wochen infolge von Kurzarbeit, Arbeitsausfällen oder unverschuldeter Arbeitsversäumnis eintreten, bleiben für die Berechnung des Urlaubsentgelts außer Betracht (§ 11 Abs. 1 S. 3 BUrlG).

An dieser Stelle ist das BUrlG arbeitnehmerfreundlich, da Schwankungen beim Arbeitsverdienst ausschließlich zugunsten der Arbeitnehmer gewertet werden, nicht aber zu deren Lasten. Darüber hinaus erfasst das BUrlG auch Sachbezüge, die zum Arbeitsentgelt gehören: Werden diese während des Urlaubs nicht weitergewährt, sind sie für die Dauer des Urlaubs angemessen in bar abzugelten (§ 11 Abs. 1 S. 4 BUrlG).

31. Ist das Urlaubsentgelt vor Urlaubsantritt zu zahlen?

Ja. Das Urlaubsentgelt ist **vor** Antritt des Urlaubs auszuzahlen (§ 11 Abs. 2 BUrlG). Es kann auch nicht zurückgefordert werden, wenn der Arbeitnehmer in dem Kalenderjahr seines Ausscheidens bereits mehr Urlaub genommen hat, als ihm eigentlich bis dahin zugestanden hätte (§ 5 Abs. 3 BUrlG).

Praxistipp

Ein Mitbestimmungsrecht des Betriebsrats besteht ***nicht*** *hinsichtlich der Gewährung von zusätzlichem Urlaubsgeld (ErfK/Kania BetrVG § 87 Rn. 47).*

32. Ist die Zahlung eines Urlaubsgeldes Pflicht?

Nein. Die Zahlung eines zusätzlichen Urlaubsgeldes (nicht: Urlaubsentgelt!) ist im BUrlG nicht vorgesehen. Sollte also ein Urlaubsgeld gezahlt werden, ist dies eine **freiwillige** und zusätzliche Leistung des Arbeitgebers, sofern es keine entsprechende arbeitsvertragliche oder tarifvertragliche Regelung gibt, die darauf einen Anspruch gewährt.

33. Spielt der rechtliche Status des Arbeitnehmers eine Rolle?

Grundsätzlich nicht, allein für die für in **Heimarbeit** Beschäftigten gelten abweichende Vorgaben. § 12 BUrlG bestimmt die Anwendung der §§ 1–3 (Urlaubsanspruch und -dauer), § 7 Abs. 1, 2 (Zeitpunkt des Urlaubs) sowie §§ 8–10 BUrlG (Verbot der Erwerbstätigkeit, Erkrankung während des Urlaubs und Maßnahmen der medizinischen Vorsorge oder Rehabilitation) auf in Heimarbeit Beschäftigte und ihnen gem. § 1 Abs. 2 lit. a bis c HAG Gleichgestellte. Die Anwendung der genannten Normen des BUrlG erfolgt mit der Maßgabe der in § 12 BUrlG genannten Bestimmungen.

34. Unter welchen Voraussetzungen kann Urlaub verfallen?

Gemäß § 7 Abs. 3 S. 1 BUrlG muss der Urlaub grundsätzlich im laufenden Kalenderjahr gewährt und genommen werden. Geschieht dies nicht, verfällt der Urlaub in der Regel mit Ablauf des 31. Dezember, sofern nicht ausnahmsweise ein

- dringender betrieblicher Grund oder
- in der Person des Arbeitnehmers liegender Grund

für eine Übertragung vorliegt (→ *Frage 19: Ist es möglich, Urlaub auf das nächste Jahr zu übertragen?*).

Der Europäische Gerichtshof (EuGH) hat sich am 6.11.2018 in zwei Grundsatzentscheidungen zur Frage des Verfalls von Urlaubsansprüchen geäußert (EuGH 6.11.2018 – C-619/16 und C-684/16). Der EuGH hat entschieden, dass ein Arbeitnehmer seine erworbenen Ansprüche auf bezahlten Jahresurlaub **nicht automatisch deshalb verlieren darf, weil er keinen Urlaub beantragt hat**. Nur wenn der Arbeitgeber nachweisen kann, dass der Arbeitnehmer freiwillig auf seinen Urlaub verzichtet hat, nachdem er ihn in die Lage versetzt hat, den Urlaub tatsächlich zu nehmen, kommt nach dem EuGH ein Verfall in Betracht. Zur Begründung hat der EuGH ausgeführt, dass der Arbeitnehmer als schwächere Partei des Arbeitsverhältnisses anzusehen sei. Er könne daher davon abgeschreckt werden, seine Rechte gegenüber dem Arbeitgeber ausdrücklich geltend zu machen, da er wegen der Einforderung dieser Rechte nachteiligen Maßnahmen des Arbeitgebers ausgesetzt sein könnte.

Das BAG hat in Umsetzung der Entscheidungen des EuGH entschieden, dass der Verfall von Urlaub daher in der Regel nur eintreten kann, wenn der **Arbeitgeber den Arbeitnehmer zuvor konkret aufgefordert hat, den Urlaub zu nehmen**, und ihn klar und rechtzeitig darauf hingewiesen hat, dass der Urlaub andernfalls mit Ablauf des Urlaubsjahres oder Übertragungszeitraums erlischt (BAG 19.2.2019 – 9 AZR 541/15; BAG 19.2.2019 – 9 AZR 423/16; LAG Berlin-Brandenburg 17.11.2020 – 8 Sa 182/20; EuGH 22.9.2022 – C-120/21).

Praxistipp

Der Verfall des Urlaubs- und des Urlaubsabgeltungsanspruchs ist laut dem EuGH nur dann nicht zu beanstanden, wenn der Arbeitgeber beweisen kann, dass der Arbeitnehmer aus freien Stücken und in voller Kenntnis der Sachlage darauf verzichtet hat, seinen bezahlten Jahresurlaub zu nehmen, nachdem er in die Lage versetzt wurde, seinen Urlaubsanspruch tatsächlich wahrzunehmen. Dies gilt unabhängig davon, ob es sich um einen öffentlichen Arbeitgeber oder einen privaten Arbeitgeber handelt.

35. Verfällt der Urlaub, wenn der Arbeitnehmer länger krank war?

Nicht sofort. Nach einer Frist von 15 Monaten nach Ablauf des Urlaubsjahres ist ein Verfall jedoch möglich (EuGH 22.11.2011 – C-214/10; BAG 7.8.2012 – 9 AZR 353/10; BAG 12.11.2013 – 9 AZR 646/12). Der Europäische Gerichtshof (EuGH) hat seine frühere Rechtsprechung (EuGH 20.1.2009 – C-350/06), wonach der Mindesterholungsurlaub bei längerfristiger Krankheit nicht verfalle, insoweit modifiziert, als dass der Mindesterholungsurlaub 15 Monate nach Ablauf des Urlaubsjahres doch verfallen kann. Das BAG schließt sich dieser einschränkenden Rechtsprechung an, sodass ein „Ansparen“ von Urlaub im Krankheitsfall nicht mehr unendlich möglich ist. Der Urlaub verfällt vielmehr 15 Monate nach Ablauf des Urlaubsjahres, konkret zum 31.3. des übernächsten Jahres.

Praxistipp

Für die praktische Arbeit bedeutet diese Rechtsprechungsänderung, dass angesammelte Urlaubsansprüche zum 31.3. des übernächsten Jahres untergehen. Der langzeiterkrankte arbeitsunfähige Arbeitnehmer erwirbt zwar auch während der langfristigen Krankheit den Urlaubsanspruch, da trotz einer Krankheit das Arbeitsverhältnis lediglich ruht und nicht beendet ist. Die angesammelten Ansprüche können aber dennoch verfallen.

36. Verfallen Urlaubsansprüche, die vor Antritt der Elternzeit erworben wurden?

Nein. Konnte der in Elternzeit gehende Arbeitnehmer seinen ihm zustehenden Urlaub vorher nicht oder nicht vollständig antreten, hat der Arbeitgeber den Resturlaub

1. entweder nach der Elternzeit im laufenden oder im nächsten Urlaubsjahr zu gewähren (§ 17 Abs. 2 BEEG) oder
2. den noch nicht gewährten Urlaub abzugelten, sollte das Arbeitsverhältnis während der Elternzeit enden oder nach der Elternzeit nicht fortgesetzt werden (§ 17 Abs. 3 BEEG).

Praxistipp

*Wenn der Arbeitnehmer nach der Elternzeit das Arbeitsverhältnis in **Teilzeit** fortsetzt, erhält der Arbeitnehmer für die übertragenen Urlaubsansprüche ein Urlaubsentgelt, das sich an dem Entgelt seiner vorherigen Vollzeittätigkeit bemisst (EuGH 22.4.2010 – C 486/08).*

37. Ist Urlaub „vererbbar"?

Ja und Nein: Vererbt wird nicht der ursprüngliche Freistellungsanspruch, sondern der Anspruch auf Urlaubsabgeltung.

Verstirbt ein Arbeitnehmer, ohne seinen ihm zustehenden Urlaub ganz oder teilweise genommen zu haben, verfällt der (Rest-)Urlaub nicht. Vielmehr geht der Anspruch auf Abgeltung des (Rest-)Urlaubs auf die Erben des Arbeitnehmers über (EuGH 12.6.2014 – C-118/13; BAG 22.1.2019 – 9 AZR 45/16). Urlaub, der wegen Beendigung des Arbeitsverhältnisses nicht genommen werden kann, ist nach § 7 Abs. 4 BUrlG abzugelten. Eine richtlinienkonforme Auslegung ergibt, dass die Vergütungskomponente des Anspruchs auf den vor dem Tod nicht mehr genommenen Jahresurlaub als Bestandteil des Vermögens Teil der Erbmasse wird. Der Abgeltungsanspruch der Erben umfasst sowohl den gesetzlichen Mindesturlaub als auch etwaigen Zusatzurlaub für schwerbehinderte Menschen oder tariflichen Urlaub, der den gesetzlichen Mindesturlaub übersteigt (BAG 22.1.2019 – 9 AZR 45/16).

38. Darf man Urlaub „verkaufen"?

Nein. Der EuGH (EuGH 6.4.2006 – C-124/05) hat entschieden, dass nicht genommene Urlaubstage **nicht** durch eine finanzielle Vergütung in einem späteren Jahr ersetzt werden dürfen. Die Gewährung und die Inanspruchnahme von Urlaub sei ein Grundsatz des Arbeits- und Sozialrechts, den es zu beachten gilt.

Praxistipp

Diese Rechtsprechung gilt sowohl für den Arbeitgeber als auch für den Arbeitnehmer. Auch der Arbeitnehmer sollte nicht an den Arbeitgeber herantreten, um diesem das „Angebot" zu unterbreiten, auf den Urlaub „verzichten" zu wollen und stattdessen – gegen eine entsprechende finanzielle Abgeltung – zu arbeiten.

39. Darf der Arbeitgeber einmal gewährten Urlaub widerrufen?

Ein einmal gewährter Urlaub soll grundsätzlich vom Arbeitgeber nicht mehr „angetastet" werden dürfen. Dies bedeutet, dass der Arbeitgeber dem Grunde nach den bewilligten Urlaub des Arbeitnehmers nicht mehr (einseitig) widerrufen darf. Von diesem Grundsatz soll, wenn überhaupt, nur im Falle einer zwingenden Notwendigkeit im Sinne eines Notfalls abgewichen werden dürfen, wenn keine Alternativen zum Widerruf des bewilligten Urlaubs bestehen (zuletzt BAG 14.3.2006 – 9 AZR 11/05 sowie LAG Köln 27.9.2012 – 6 Sa 449/12). Die dafür geltende Darlegungs- und Beweislast liegt beim Arbeitgeber und ist eine sehr hohe Anforderung, die er im Zweifel nicht erfüllen kann.

Praxistipp

*Betriebliche Gründe sind grundsätzlich nicht ausreichend. Vielmehr muss der Arbeitgeber zum einen **zwingende betriebliche Belange** und zum anderen die **Notwendigkeit der Arbeitsaufnahme** des betroffenen Arbeitnehmers darlegen und beweisen können.*

Daraus folgt, dass der Arbeitnehmer, sollte der Arbeitgeber nicht ausnahmsweise doch rechtmäßig den bereits gewährten Urlaub widerrufen können, berechtigt in den Urlaub gehen darf, mithin die Anbietung seiner Leistungsbereitschaft berechtigt ruhen lassen darf. Sollte hingegen Einvernehmen der Arbeitsvertragsparteien über den „Widerruf" des Urlaubs bestehen, kommt es zu einem tatsächlich abweichenden Ergebnis: der Arbeitnehmer geht nicht in den Urlaub, sondern arbeitet.

Praxistipp

Behält sich der Arbeitgeber bei der Gewährung des Urlaubes dessen Widerruf grundsätzlich vor, fehlt die zur Erfüllung des Urlaubsanspruchs notwendige Freistellungserklärung; es handelt sich dann nicht um Urlaub im Sinne des BUrlG (Schaub/Koch, Arbeitsrecht von A-Z, Urlaub).

Befindet sich der Arbeitnehmer bereits im Urlaub, gelten die vorangegangenen Ausführungen entsprechend. (ErfK/Gallner BUrlG § 7 Rn. 27).

40. Was ist zu tun, wenn der Arbeitgeber den Urlaub widerruft?

Der Arbeitnehmer kann sich entweder an den Betriebsrat wenden oder ein arbeitsgerichtliches Verfahren einleiten. Der Arbeitnehmer kann sich an den Betriebsrat wenden und sich beschweren. Jeder Arbeitnehmer hat das Recht, sich bei den zuständigen Stellen des Betriebs zu beschweren, wenn er sich vom Arbeitgeber oder von Arbeitnehmern des Betriebs benachteiligt oder ungerecht behandelt oder in sonstiger Weise beeinträchtigt fühlt (§ 84 Abs. 1 S. 1 BetrVG).

Der Arbeitnehmer kann selbst oder mithilfe eines Rechtsanwalts das Arbeitsgericht – abhängig vom zeitlichen Faktor, unter Umständen im Wege einer einstweiligen Verfügung – anrufen und seinen Urlaubsanspruch gerichtlich prüfen bzw. durchsetzen lassen.

Praxistipp

Unabhängig von der theoretischen Rechtslage sollte der Arbeitnehmer im Zweifel nicht in den Urlaub fahren, wenn der Arbeitgeber zuvor den bereits gewährten Urlaub „widerrufen" hat. Der Arbeitnehmer sollte sorgfältig sein Arbeitsverhältnis gegenüber dem Urlaubsbegehren abwägen und sich dazu rechtlich beraten lassen.

II. Mitbestimmungsrechte des Betriebsrats

Das nachfolgende Kapitel thematisiert die Möglichkeiten der Beteiligung des Betriebsrats im Kontext des betriebsverfassungsrechtlichen Urlaubsrechts sowie den sie prägenden Urlaubsgrundsätzen. Die Fragen, die sich vor allem Betriebsratsmitglieder in diesem Zusammenhang stellen können, gehen hauptsächlich um das „Ob" einer Beteiligung des Betriebsrats bei dem Thema Urlaub. Fraglich ist, ob der Betriebsrat bei der Einführung, Anwendung sowie Änderung und unter Umständen auch bei der Beendigung urlaubsrechtlicher Grundsätze und Methoden mitbestimmen kann. Erst im zweiten Schritt geht es um das „Wie", also die Frage der Ausgestaltung der Beteiligung. Die nachfolgenden Ausführungen sollen einen Überblick darüber geben, ob und wie der Betriebsrat bei dem Thema Urlaub beteiligt ist.

41. Gewährt das BetrVG eine Beteiligung beim Thema Urlaub?

Ja. Das Betriebsverfassungsrecht gewährt dem im Betrieb vertretenen Betriebsrat eine Beteiligung in Form der Mitbestimmung bei urlaubsrechtlichen Themen. Der Betriebsrat hat, soweit eine gesetzliche oder tarifliche Regelung nicht besteht, in folgenden Angelegenheiten mitzubestimmen:

- Aufstellung allgemeiner Urlaubsgrundsätze
- Aufstellung des Urlaubsplans
- Festsetzung der zeitlichen Lage des Urlaubs für einzelne Arbeitnehmer, wenn zwischen dem Arbeitgeber und den beteiligten Arbeitnehmern kein Einverständnis erzielt wird (§ 87 Abs. 1 Nr. 5 BetrVG)

§ 87 Abs. 1 Nr. 5 BetrVG ist eine besondere Vorschrift, da sie als Schnittmenge zwischen dem Individualarbeitsrecht und dem Kollektivarbeitsrecht besteht. Der Wortlaut der Norm gewährt dem Betriebsrat neben den kollektivbetriebsverfassungsrechtlichen Regelungsgegenständen (Urlaubsplan und allgemeine Urlaubsgrundsätze) auch ein Mitbestimmungsrecht in einem individualarbeitsrechtlich geprägten Zusammenhang, nämlich dann, wenn bei der Festsetzung der zeitlichen Lage des Urlaubes für einzelne Arbeitnehmer zwischen dem Arbeitgeber und den betroffenen Arbeitnehmern kein Einverständnis erzielt werden kann. Durch die Mitbestimmung wird das dem Arbeitgeber bei der Festlegung der Lage des Urlaubs zustehende Gestaltungsrecht beschränkt. Dadurch sollen die Urlaubswünsche der einzelnen Arbeitnehmer und das betriebliche Interesse am Betriebsablauf sinnvoll ausgeglichen werden. Auch müssen unterschiedliche Interessen einzelner Arbeitnehmer koordiniert werden (BAG 28.5.2002 – 1 ABR 37/01).

Das Beteiligungsrecht zugunsten des Betriebsrats ist ein Recht, keine Verpflichtung. Ebenso verhält es sich für die andere Betriebspartei, dem Arbeitgeber: Dessen „unternehmerische Freiheit“ (Art. 12 Abs. 1 GG) verpflichtet auch ihn dem Grunde nach nicht dazu, einen Urlaubsplan und/oder Urlaubsgrundsätze aufzustellen. Wenn aber eine der Betriebsparteien auf die andere Betriebspartei zugeht oder die Betriebsparteien gemeinsam die Initiative ergreifen und darüber beraten und dazu kommen, dass eine oder keine Regelungen zu treffen sind, ist dies von der Belegschaft zu akzeptieren (→ *Frage 45: Steht dem Betriebsrat ein Initiativrecht zu?*).

Die Vorschrift sichert die Belegschaft durch die Beteiligung des Betriebsrats nur davor, dass der Arbeitgeber einseitig handelt und entscheidet. Der Betriebsrat hat die gesetzliche Pflicht, darüber zu wachen, dass die zugunsten der Arbeitnehmer geltenden Gesetze durchgeführt werden (§ 80 Abs. 1 Nr. 1 BetrVG). Unter Zugrundelegung des Gesetzeswortlauts könnte der Betriebsrat sich nicht aus der Mitbestimmung bei der Festsetzung der zeitlichen Lage des Urlaubes heraushalten, wenn zwischen dem Arbeitgeber und dem betroffenen Arbeitnehmer kein Einverständnis erzielt werden kann.

42. Hat der Betriebsrat ein Mitbestimmungsrecht in Sachen Urlaub?

Ja. Die Beteiligungsform zugunsten des Betriebsrats ist dic **Mitbestimmung im engeren Sinn.** Der Arbeitgeber wird in seiner unternehmerischen Freiheit (Art. 12 Abs. 1 GG) derart eingeschränkt, dass zumindest einige urlaubsrechtliche Themen, beispielsweise die Regelung von Betriebsferien oder Urlaubssperren, nur zusammen mit dem Betriebsrat eingeführt und durchgesetzt werden können. Von der Beteiligung des Betriebsrats ist beispielsweise das Thema Urlaubsgeld ausgenommen (→ *Frage 32: Ist die Zahlung eines Urlaubsgeldes Pflicht?*).

Kann im Falle einer echten Mitbestimmung keine Einigung erzielt werden, wird die **Einigungsstelle** (§ 76 BetrVG) angerufen (§ 87 Abs. 2 S. 1 BetrVG). Der Spruch der Einigungsstellte ersetzt dann die Einigung zwischen Arbeitgeber und Betriebsrat (§ 87 Abs. 2 S. 2 BetrVG). Werden sich die Betriebsparteien nicht einig, entscheidet also ein Dritter über die streitgegenständliche Angelegenheit.

Praxistipp

Wenn im BetrVG die Rede von der „Einigungsstelle“ ist, sollte der Betriebsrat auf jeden Fall seine Mitbestimmung mit den dargestellten Rechtsfolgen prüfen. Hierzu kann er, sofern dies erforderlich erscheint, auch sachverständige Hilfe zB durch spezialisierte Rechtsanwälte in Anspruch nehmen (§ 80 Abs. 3 S. 1 BetrVG).

43. Bestimmt der Betriebsrat in allen Fragen des Urlaubs mit?

Nein. Der Betriebsrat hat kein das gesamte Urlaubsrecht umfassendes Mitbestimmungsrecht. Das Mitbestimmungsrecht erstreckt sich nur auf die Themenkomplexe:

- Aufstellung eines Urlaubsplans
- Aufstellung allgemeiner Urlaubsgrundsätze
- Festsetzung der zeitlichen Lage des Urlaubs für betroffene Arbeitnehmer, die diesbzgl. keine Einigung mit dem Arbeitgeber erzielen können

Darüber hinaus muss im Einzelfall geprüft werden, ob eine Betriebsratsbeteiligung in anderen Fallkonstellationen gegeben ist.

Praxistipp

Der Betriebsrat muss im Einzelfall prüfen, ob ihm eine Beteiligung zusteht. Ein etwaig bestehendes Mitbestimmungsrecht des Betriebsrats wird zweistufig geprüft:

1. Stufe: Prüfung, „ob" dem Betriebsrat ein Beteiligungsrecht zusteht.

2. Stufe: Wie diese Beteiligung inhaltlich ausgestaltet werden muss, also „wie" der Betriebsrat beteiligt werden muss.

In den folgenden Fällen liegt zB kein erzwingbares Mitbestimmungsrecht für den Betriebsrat vor:

- Vorliegen eines Urlaubsanspruchs an sich

Beispiel

Dem Betriebsrat steht kein erzwingbares Mitbestimmungsrecht zu, welches ihm erlaubt, den Sonderurlaub für den Arbeitnehmer zu begründen. Vielmehr setzt das Mitbestimmungsrecht den Anspruch auf Sonderurlaub voraus und erst bei der Festlegung der zeitlichen Lage des Sonderurlaubs steht dem Betriebsrat die Mitbestimmung zu.

- Anrechnung von Kuren und Schonzeiten auf den Urlaub
- Grundsätzlich die Dauer des Urlaubs

Praxistipp

Der Betriebsrat kann in diesen Fällen versuchen, mit dem Arbeitgeber eine freiwillige Betriebsvereinbarung oder unter Umständen auch eine Regelungsabrede abzuschließen (→ Frage 62: Wie übt der Betriebsrat seine Beteiligung aus?).

44. Gibt es ein Mitbestimmungsrecht, wenn es bereits gesetzliche oder tarifliche Regelungen gibt?

Dem Betriebsrat steht grundsätzlich kein erzwingbares Mitbestimmungsrecht zu, wenn es gesetzliche und/oder tarifliche Regelungen zu diesem Regelungsgegenstand gibt. Diese in § 87 Abs. 1 BetrVG aufgestellte Gesetzes- und Tarifsperre beschränkt die Beteiligung des Betriebsrats in sozialen Angelegenheiten. Arbeitsentgelte und sonstige Arbeitsbedingungen, die durch Tarifvertrag geregelt sind oder üblicherweise geregelt werden, können nicht Gegenstand einer Betriebsvereinbarung sein (§ 77 Abs. 3 S. 1 BetrVG), sofern der Tarifvertrag nicht ausnahmsweise den Abschluss ergänzender Betriebsvereinbarungen ausdrücklich zulässt (§ 77 Abs. 3 S. 2 BetrVG, sog. Öffnungsklausel).

Diese Sperren zwingender gesetzlicher und/oder tariflicher Regelungen sind grundsätzlich von den Betriebsparteien einzuhalten. Gibt es eine gesetzliche Sperre, weil gesetzliche Vorgaben das Anliegen bereits regeln, ist dies selbsterklärend. Komplizierter verhält es sich mit den Tarifsperren. Eine tarifliche Sperrwirkung besteht vor allem dann, wenn eine der nachfolgend genannten Voraussetzungen vorliegt:

1. Die Arbeitsvertragsparteien sind tariflich gebunden.
2. Die Arbeitsvertragsparteien haben die Anwendbarkeit eines Tarifvertrags vereinbart (Bezugnahme auf bzw. Anlehnung an einen Tarifvertrag).
3. Ein Tarifvertrag ist für allgemeinverbindlich (§ 5 TVG) erklärt worden.
4. Unter Umständen kann auch ein Tarifvertrag aufgrund einer betrieblichen Übung anwendbar sein (Das ist umstritten!).

Praxistipp

Gesetz oder Tarifvertrag müssen einen Regelungsgegenstand also vollständig und abschließend regeln, um das Mitbestimmungsrecht des Betriebsrats hinsichtlich dieser Angelegenheit auszuschließen. Bleiben Fragen offen, verliert der

Betriebsrat hinsichtlich der Klärung dieser Fragen sein Mitbestimmungsrecht nicht. Ebenso kann ein Tarifvertrag nie die Mitbestimmung als solche ausschließen, etwa durch eine Klausel, nach der der Betriebsrat für die Einführung eines Urlaubsplans kein Mitbestimmungsrecht haben soll, sondern diese allein dem Arbeitgeber obliegt. Eine zwingende tarifvertragliche Regelung kann das Mitbestimmungsrecht des Betriebsrats ohnehin nur dann ausschließen, wenn der Tarifvertrag für diesen Betrieb gilt. Dies ist zum einen bei für allgemeinverbindlich erklärten Tarifverträgen der Fall. Zum anderen kann aber auch die Tarifbindung des Arbeitgebers ausreichen – unabhängig von der Tarifbindung der Beschäftigten des Betriebs, wenn bestimmte Regelungen nur betriebseinheitlich getroffen werden können (Fitting BetrVG § 87 Rn. 44 f.). Ist der Arbeitgeber nicht tarifgebunden, scheidet die Sperrwirkung eines Tarifvertrags auf jeden Fall aus.

45. Steht dem Betriebsrat ein Initiativrecht zu?

Ja. Das Initiativrecht des Betriebsrats ermöglicht es ihm, sowohl die Aufstellung eines Urlaubsplans als auch die Aufstellung allgemeiner Urlaubsgrundsätze von sich aus zu fordern. Der Betriebsrat muss nicht abwarten, bis der Arbeitgeber tätig werden möchte (Richardi BetrVG/Richardi § 87 Rn. 465).

Praxistipp

Wenn der Betriebsrat an den Arbeitgeber bzgl. eines Urlaubsplans oder allgemeiner Urlaubsgrundsätze herantreten möchte, kann er dies zB im Rahmen des sog. Monatsgesprächs oder auch schriftlich tun (§ 74 Abs. 1 S. 1 BetrVG). Wichtig ist, dass vorab gem. § 33 BetrVG ein entsprechender ordnungsgemäßer Beschluss gefasst wurde.

46. Erstreckt sich das Mitbestimmungsrecht auf Betriebsferien?

Das Mitbestimmungsrecht besteht für Betriebsferien nur in einem bestimmten Rahmen. Der Betriebsrat kann zB nicht fordern, dass der Betrieb geschlossen wird, damit die Arbeitnehmer Urlaub nehmen können. Dieser Eingriff in die „unternehmerische Freiheit“ (Art. 16 GRCh) wäre zu erheblich (Richardi BetrVG/Richardi § 87 Rn. 466). Das Mitbestimmungsrecht ist erst dann wieder gegeben, wenn es um die **Verhinderung** von Betriebsferien geht. Im Kontext von Betriebsferien ist daher grundsätzlich ein Mitbestimmungsrecht und damit das Initiativrecht für den Betriebsrat gegeben, wenn es um die zeitliche Lage der Betriebsferien geht und für die Festlegung der Dauer, soweit die Arbeitnehmer ihren Erholungsurlaub in den Betriebsferien nehmen müssen (Richardi BetrVG/Richardi § 87 Rn. 466).

III. Urlaubsplan

Das Mitbestimmungsrecht des Betriebsrats erstreckt sich u. a. auf den Urlaubsplan. Im Urlaubsplan wird festgehalten, wann welchem Arbeitnehmer innerhalb eines Kalenderjahrs Urlaub gewährt wird. Als Vorarbeit müssen in der betrieblichen Praxis die Arbeitnehmer ihre Urlaubswünsche üblicherweise in Urlaubslisten eintragen. Das nachfolgende Kapitel thematisiert die betriebsverfassungsrechtliche Lage hinsichtlich des Urlaubsplans.

47. Was versteht man unter einem Urlaubsplan?

Ein Urlaubsplan ist die zeitliche Reihenfolge, in der den Arbeitnehmern Urlaub erteilt wird und die dazugehörige Regelung zur Urlaubsvertretung (Richardi BetrVG/Richardi § 87 Rn. 460). Der Urlaubsplan hat sich grundsätzlich auf das jeweilige Kalenderjahr zu beziehen, weil sich bestimmte urlaubsrechtliche Grundsätze – etwa der Verfall von Urlaubsansprüchen – auch auf das jeweilige Kalenderjahr beziehen. Der Urlaubsplan wird vom Arbeitgeber gemeinsam mit dem Betriebsrat aufgestellt. Dem Betriebsrat kommt sowohl bei der Aufstellung des Urlaubsplans als auch bei einer späteren Änderung ein zwingendes Mitbestimmungsrecht zu (Fitting BetrVG § 87 Rn. 202, 204). Der Betriebsrat kann auf die Erstellung und Änderung eines Urlaubsplans initiativ hinwirken (→ *Frage 72: Wie kann der Betriebsrat sein Initiativrecht ausüben?*). Vorläufer des Urlaubsplans ist in der Praxis meist die rechtsunverbindliche Urlaubsliste (→ *Frage 48: Was ist eine Urlaubsliste?*).

Der Urlaubsplan ist verbindlich, sodass der Urlaub nicht noch gesondert erteilt werden muss. Allerdings ist nicht ausgeschlossen, dass im Einzelfall Änderungen möglich sind, etwa bei unvorhergesehenen Entwicklungen im Betrieb. Ein Widerruf im Einzelfall aus betrieblichen Gründen unterliegt genauso wie der Rückruf einzelner Arbeitnehmer aus dem Urlaub aus dringenden betrieblichen Gründen nicht dem Mitbestimmungsrecht des Betriebsrats und ist allein nach urlaubsrechtlichen Grundsätzen zu beurteilen. Gleiches gilt für spätere Änderungen aufgrund persönlicher Wünsche einzelner Arbeitnehmer. Derartige Ansprüche sind sogar im Rahmen des Urlaubsrechts für den einzelnen Arbeitnehmer gem. § 7 Abs. 1 BUrlG einklagbar. Nur spätere generelle Änderungen des Urlaubsplans bedürfen der Zustimmung des Betriebsrats.

48. Was ist eine Urlaubsliste?

Vom Urlaubsplan zu unterscheiden sind die zur Urlaubsplanung für die Arbeitnehmer ausgelegten Urlaubslisten. Die Urlaubslisten dienen der Bestimmung und Ermittlung der Urlaubswünsche der Arbeitnehmer. Kann eine solche Urlaubsliste schlussendlich ohne Änderungen übernommen werden, wird die Urlaubsliste zum Urlaubsplan (Fitting BetrVG § 87 Rn. 203). Wird ein Urlaubsplan aufgrund der Urlaubswünsche der Arbeitnehmer durch den Arbeitgeber hingegen nicht erstellt, gilt der durch die Eintragung in die Urlaubsliste festgelegte Urlaubstermin dann als verbindlich, wenn der Arbeitgeber nicht innerhalb einer angemessenen Frist widerspricht.

49. Bestimmt der Betriebsrat bei der Aufstellung des Urlaubsplans mit?

Ja. Dem Betriebsrat steht das Recht zu, bei der Aufstellung eines Urlaubsplans mitzubestimmen. Er hat damit ein Recht mit formeller Wirkung (vgl. Richardi BetrVG/Richardi/Maschmann § 87 Rn. 461 f.). Der Betriebsrat kann also unter anderem Folgendes mitbestimmen:

- Wie hat ein Urlaubsplan auszusehen?
- Bis zu welchem Zeitpunkt haben die Arbeitnehmer ihre Urlaubswünsche anzumelden?
- Innerhalb welcher Frist ist ein beantragter Urlaubswunsch zu bewilligen oder abzulehnen?
- Unter welchen Voraussetzungen können Urlaubswünsche abgelehnt werden, wenn entweder dringende betriebliche Gründe oder sozial vorrangige Urlaubswünsche von Kollegen entgegenstehen?
- Welche Sozialkriterien sind Voraussetzung für die Gewährung bzw. Ablehnung von Urlaubswünschen?
- Welche zeitliche Lage haben die Betriebsferien?
- Unter welchen Voraussetzungen bzw. Umständen sind Änderungen im Urlaubsplan zulässig?

Sollte eine Einigung über die Aufstellung eines Urlaubsplanes nicht zustande kommen, kann der Betriebsrat ein Einigungsstellenverfahren (§ 76 BetrVG) einleiten (→ *Frage 75: Wie läuft ein Einigungsstellenverfahren ab?*).

50. Wird der Urlaubsplan jedes Jahr aufgestellt?

Ja. Ein Urlaubsplan wird grundsätzlich für jedes Kalenderurlaubsjahr neu aufgestellt, um der aktuellen betrieblichen Situation und den individuellen Arbeitnehmerbedürfnissen und Interessen am besten gerecht werden zu können. Demzufolge muss der Betriebsrat auch bei jeder erneuten Aufstellung eines Urlaubsplans beteiligt werden, da ihm stets ein erzwingbares Mitbestimmungsrecht zusteht.

51. Gibt es bei der Aufstellung des Urlaubsplans ein Initiativrecht?

Ja. Dem Betriebsrat steht ein Initiativrecht zu, um von dem Arbeitgeber die Aufstellung eines Urlaubsplans zu verlangen (vgl. Richardi BetrVG/Richardi/Maschmann § 87 Rn. 451, 453, 465). Sollte der Arbeitgeber keine Notwendigkeit sehen, kann der Betriebsrat auch ein Einigungsstellenverfahren (§ 76 BetrVG) einleiten (→ *Frage 75: Wie läuft ein Einigungsstellenverfahren ab?*).

52. Trifft das Mitbestimmungsrecht bei der Aufstellung eines Urlaubsplans den einzelnen Arbeitnehmer?

Ja. Das Mitbestimmungsrecht des Betriebsrats bei der Aufstellung eines Urlaubsplans geht so weit, dass die Lage des Urlaubs jedes einzelnen Arbeitnehmers erfasst und aufgestellt wird (vgl. Richardi BetrVG/Richardi/Maschmann § 87 Rn. 476 ff.). Sollte dies der Fall sein, steht dem Betriebsrat auch das Recht zu, die Voraussetzungen bzw. Sozialkriterien zu nennen, um feststellen zu können, wann welcher Urlaubswunsch gewährt werden kann bzw. abgelehnt werden muss (→ *Frage 49: Bestimmt der Betriebsrat bei der Urlaubsplanaufstellung mit?*).

53. Ist der Urlaubsplan verbindlich?

Nein. Der Urlausplan sollte zwar dem Grunde nach eingehalten werden. Bei besonderen Umständen kann der Arbeitgeber aber

- aus dringenden betrieblichen Gründen oder
- anhand der mit dem Betriebsrat zusätzlich aufgestellten Kriterien (→ *Frage 49: Bestimmt der Betriebsrat bei der Aufstellung des Urlaubsplans mit?*)

von dem Urlaubsplan abweichen.

54. Muss der Arbeitnehmer trotz Urlaubsplan den Urlaub beantragen?

Nein. Wurde der Urlaubsplan aufgestellt und der Arbeitnehmer individuell erfasst, muss dieser nicht erneut für den gewünschten Zeitraum seinen Urlaubswunsch äußern (vgl. Richardi BetrVG/Richardi/Maschmann § 87 Rn. 462).

55. Sind Betriebsferien ein Teil des Urlaubsplans?

Ja. Die Bestimmung der einheitlichen Gewährung und die zeitliche Lage von Betriebsferien ist Teil des Urlaubsplans (Richardi BetrVG/Richardi § 87 Rn. 459, 461).

Praxistipp

Insbesondere für den Zeitraum „zwischen den Jahren" – Heiligabend bis Silvester – werden am häufigsten Betriebsferien vereinbart. Dasselbe gilt für Brückentage. Ein Brückentag ist ein einzelner Arbeitstag, der zwischen zwei arbeitsfreien Tagen – etwa einem Feiertag und dem Wochenende – liegt und sich besonders als Urlaubstag anbietet. Oft werden für diese Tage schon im vorab Betriebsferien festgelegt.

IV. Allgemeine Urlaubsgrundsätze

Das BetrVG gewährt dem Betriebsrat eine Beteiligung bei der Aufstellung allgemeiner Urlaubsgrundsätze. Der Betriebsrat ist zwingend zu beteiligen. Insoweit sind diese urlaubsrechtlichen Handlungsmöglichkeiten kollektivarbeitsrechtliche Ausprägungen, die dem Betriebsrat aus Gründen des Betriebsfriedens, der Gleichbehandlung und Gleichberechtigung sowie aus Gründen der Transparenz eine Beteiligung gewähren.

56. Was versteht man unter allgemeinen Urlaubsgrundsätzen?

Die allgemeinen Urlaubsgrundsätze regeln die individualarbeitsrechtliche Urlaubsbeantragung und -gewährung; insoweit stellen sie Richtlinien für das Urlaubsverfahren dar und begründen damit den Rechtsboden (Richardi BetrVG/Richardi § 87 Rn. 455; zuletzt BAG 28.5.2002 – 1 ABR 37/01).

Beispiel

Allgemeine Urlaubsgrundsätze sind zB (Fitting BetrVG § 87 Rn. 197 ff.):

- *Einrichtung von Betriebsferien*
- *Einheitliche Urlaubsgewährung durch Betriebsferien*
- *Verteilung des Urlaubs innerhalb des Kalenderjahres*
- *Urlaubssperren*

Praxistipp

Eines der typischen Beispiele einer Regelung und damit der Aufstellung eines allgemeinen Urlaubsgrundsatzes ist die Vereinbarung, dass Arbeitnehmer mit schulpflichtigen Kindern in den Schulferien vorrangig der Urlaub gegenüber kinderlosen Arbeitnehmern zu gewähren ist. Da der Betriebsrat aber an das Kollektiv zu denken und auch allgemeine Vorgaben wie die Wahrung des Betriebsfriedens zu berücksichtigen hat, sollte kein pauschaler Vorrang aufgestellt werden. Es müssen auch Ausnahmen möglich sein, sodass auch kinderlose Arbeitnehmer in Zeiten von Schulferien Urlaub nehmen können.

57. Was versteht man unter einer Urlaubssperre?

Unter einer Urlaubssperre versteht man den Zeitraum, in dem der Arbeitgeber den Arbeitnehmern aus dringenden betrieblichen Gründen Urlaub versagt. Die Rechtmäßigkeit einer solchen Urlaubssperre richtet sich nach § 7 Abs. 1 BUrlG. Diese Vorschrift normiert, dass der Arbeitgeber grundsätzlich den ordnungsgemäß beantragten Urlaub zu der vom Arbeitnehmer gewünschten Zeit zu genehmigen hat. Eine Ausnahme davon besteht nur in solchen Fällen, in denen dringende betriebliche Gründe entgegenstehen. Dringende betriebliche Gründe liegen immer dann vor, wenn die Anwesenheit des Arbeitnehmers unerlässlich ist und bei Abwesenheit des betreffenden Arbeitnehmers der ordnungsgemäße Betriebsablauf gestört würde (BeckOK ArbR/Lampe BUrlG § 1 Rn. 9 ff.). Solche dringenden betrieblichen Gründe kommen u. a. bei personellen Engpässen oder saisonaler Hochsaison (zB Vorweihnachtszeit im Einzelhandel) vor.

Der Arbeitgeber ist in solchen Fällen verpflichtet, den Arbeitnehmer über das Vorliegen etwaiger betrieblicher Gründe aufzuklären. Das Vorliegen dringender betrieblicher Gründe wird verneint, wenn eine Vertretung des abwesenden Mitarbeiters durch andere Arbeitnehmer möglich ist und so auch der ungestörte Betriebsablauf gewährleistet werden kann. Die Urlaubssperre kann auch für einen längeren Zeitraum (mehrere Monate) verhängt werden, sofern die dringenden betrieblichen Gründe für den gesamten Zeitraum gegeben sind. Dem Betriebsrat steht ein Mitbestimmungsrecht bei der Aufstellung allgemeiner Urlaubsgrundsätze zu. Hierzu gehört auch die Festlegung einer Urlaubssperre (Fitting BetrVG § 87 Rn. 197, 199).

58. Sind Urlaubsgrundsätze Vorgaben für die Gewährung bzw. Ablehnung von Urlaubswünschen?

Ja. Allgemeine Urlaubsgrundsätze können formelle Vorgaben enthalten, wie zB:

- **Verfahren** zur Festlegung des Urlaubs
- Auslegung von **Urlaubslisten**
- **Eintragung** von Urlaubswünschen

59. Sind Betriebsferien ein allgemeiner Urlaubsgrundsatz?

Ja. Die Gewährung von Betriebsferien ist ein allgemeiner Urlaubsgrundsatz und unterliegt deshalb der erzwingbaren Mitbestimmung des Betriebsrats (vgl. Richardi BetrVG/Richardi/Maschmann § 87 Rn. 458) (→ *Frage 58: Sind Urlaubsgrundsätze Vorgaben für die Gewährung bzw. Ablehnung von Urlaubswünschen?*).

60. Entfällt die Wartezeit, wenn Betriebsferien geregelt sind?

Nein. Die Bestimmung der zeitlichen Lage der Betriebsferien ist Teil des Urlaubsplans (Richardi BetrVG/Richardi § 87 Rn. 459). Die Festlegung von Betriebsferien durch eine Betriebsvereinbarung hat allein den urlaubsrechtlichen Inhalt, den Urlaubszeitpunkt für alle urlaubsberechtigten Betriebsangehörigen einheitlich festzulegen (BAG 2.10.1974 – 5 AZR 507/73). Auf die Wartezeit hat dies keine Auswirkungen.

V. Festsetzung der zeitlichen Lage des Urlaubs

Nach § 87 Abs. 1 Nr. 5 BetrVG hat der Betriebsrat ausnahmsweise eine Mitbestimmung in einem individualarbeitsrechtlichen Zusammenhang. Wenn sich der Arbeitgeber und der einzelne betroffene Arbeitnehmer trotz ernsthafter Verhandlung nicht einig darüber werden, wann der Urlaub in Anspruch genommen werden soll, hat der Betriebsrat ein Mitbestimmungsrecht.

61. Ist der Betriebsrat zu beteiligen, wenn der Arbeitgeber einen Urlaubswunsch ablehnt?

Ja. Der Arbeitnehmer äußert einen Urlaubswunsch (§ 7 Abs. 1 S. 1 BUrlG) und der Arbeitgeber hat daraufhin für den gewünschten Zeitraum Urlaub zu gewähren. Etwas anderes gilt nur, wenn

- die Beantragung nicht rechtmäßig war, zB die Wartezeit nicht erfüllt war oder keine ausreichende Anzahl an Urlaubstagen zur Verfügung steht, oder
- dringende betriebliche Belange oder
- Urlaubswünsche anderer Arbeitnehmer, die unter sozialen Gesichtspunkten den Vorrang verdienen,

der Urlaubsgewährung entgegenstehen.

Praxistipp

Es muss kein Einverständnis erzielt werden. Die Beteiligung des Betriebsrats besteht schon dann, wenn der Arbeitnehmer mit der Entscheidung des Arbeitgebers nicht einverstanden ist (Richardi BetrVG/Richardi § 87 Rn. 479).

62. Wie übt der Betriebsrat seine Beteiligung aus?

Der Betriebsrat soll auf den Arbeitgeber und den Arbeitnehmer einwirken, damit eine Lösung gefunden wird. Inhaltlich kann der Betriebsrat sein Mitbestimmungsrecht in Form einer Mitbeurteilung ausüben (Das ist umstritten! Richardi BetrVG/Richardi § 87 Rn. 477). Der Betriebsrat hat jedenfalls zu prüfen, ob der Arbeitgeber recht- und ordnungsgemäß die Interessen des Arbeitnehmers gegenüber den betrieblichen Interessen abgewogen und beurteilt hat.

63. Welche Auswirkungen hat eine Mitbeurteilung?

Der Betriebsrat kann prüfen, ob der Arbeitgeber ausreichend die Arbeitnehmerinteressen mit den betrieblichen Interessen abgewogen hat. Die Frage des Zeitraums, in dem Urlaub zu gewähren ist, ist eine Rechtsfrage. Das Mitbestimmungsrecht des Betriebsrats kann deshalb nur ein Mitbeurteilungsrecht über die Richtigkeit der Entscheidung sein (Fitting BetrVG § 87 Rn. 205).

Praxistipp

Vor allem hat der Arbeitgeber die Verpflichtung, alle in Betracht kommenden Maßnahmen in die Abwägung miteinzubeziehen, sofern diese betriebsorganisatorisch möglich sind und nicht mit Interessen Dritter – besonders der übrigen Arbeitskollegen – kollidieren. In Betracht kommende Maßnahmen könnten beispielsweise sein:

- *Urlaubsvertretung*
- *Verteilung der Arbeit auf mehrere Arbeitskollegen*
- *flexible Arbeitsgestaltung*

64. Ist die Anzahl der betroffenen Arbeitnehmer ausschlaggebend für die Beteiligung des Betriebsrats?

Nein, auch wenn das umstritten ist. Selbst wenn der Arbeitgeber nur dem Urlaubswunsch (§ 7 Abs. 1 S. 1 BUrlG) eines einzelnen Arbeitnehmers nicht entspricht, entsteht für den Betriebsrat die Mitbestimmung in Form der Mitbeurteilung (vgl. Fitting BetrVG § 87 Rn. 206 f.). Diese Ansicht ist zwar umstritten, stimmt aber im Ergebnis mit dem Sinn und Zweck des Regelungsgehalts des § 87 Abs. 1 Nr. 5 BetrVG überein. Der Gesetzeswortlaut des § 87 Abs. 1 Nr. 5 BetrVG gewährt dem Betriebsrat ein Mitbestimmungsrecht, wenn

- zwischen dem Arbeitgeber und den beteiligten Arbeitnehmern kein Einverständnis über die zeitliche Lage des Urlaubs erzielt werden kann und
- weder eine Gesetzessperre noch eine Tarifsperre besteht.

65. Kann der Arbeitgeber nach Ablehnung einen anderen Urlaubszeitraum vorschreiben?

Nein. Eine solche Vorgehensweise würde nicht nur unangemessen in das allgemeine Persönlichkeitsrecht (Art. 2 Abs. 1 GG) des betroffenen Arbeitnehmers eingreifen, sondern auch im Widerspruch zum Gesetzeswortlaut stehen. § 7 Abs. 1 S. 1 BUrlG regelt, dass der Arbeitnehmer einen Urlaubswunsch äußern kann. Der Arbeitnehmer hat also das Recht, für einen bestimmten Zeitraum Urlaub zu beantragen. Dieser Urlaubswunsch ist auch so zu verstehen, dass allein der Arbeitnehmer das Recht hat aktiv zu werden und mittels der Beantragung den „Urlaubsprozess" in Gang zu setzen.

Der Arbeitgeber hat die Pflicht, sofern nicht dringende betriebliche Belange dem Urlaubswunsch entgegenstehen, dem betroffenen Arbeitnehmer dessen Urlaubswunsch zu erfüllen. Er hat aber nicht das Recht, für den Arbeitnehmer zu denken und dessen Rechte auszuüben. Der Arbeitgeber darf einen Arbeitnehmer nicht "zwangsweise" in den Urlaub schicken. Er kann auch nicht über die zeitliche Lage des Urlaubs entscheiden, wenn der Arbeitnehmer nicht von sich aus aktiv geworden ist und keinen entsprechenden Urlaubswunsch geäußert hat. Dieser allgemeine Grundsatz gilt ausnahmsweise nur dann nicht, wenn es angeordnete Betriebsferien gibt; sollte es im Betrieb einen Betriebsrat geben, dann steht diesem ein Mitbestimmungsrecht zu (vgl. Richardi BetrVG/Richardi/Maschmann § 87 Rn. 458 f.)

66. Wie konkret muss der Urlaubswunsch formuliert werden?

Der Urlaubswunsch (§ 7 Abs. 1 S. 1 BUrlG) muss **konkret** sein. Der Arbeitnehmer beantragt nur dann rechtssicher und rechtswirksam Urlaub, wenn er die Zeit angibt, in der er den Urlaub gern nehmen möchte. Im deutschen Recht gilt der sog. **Bestimmtheitsgrundsatz**. Dieser verlangt, dass Ansprüche konkret und bestimmt gestellt werden müssen.

67. Kann der Betriebsrat verlangen, dass der Arbeitnehmer zu einer bestimmten Zeit Urlaub nimmt?

Nein. Die Beteiligung des Betriebsrats führt nicht dazu, dass der Betriebsrat – auch nicht zusammen mit dem Arbeitgeber – für den betroffenen Arbeitnehmer, dessen Urlaubsanspruch abgelehnt wurde, einen anderen Zeitraum festlegen kann. Der Betriebsrat hat nicht das Recht, im Namen der Arbeitnehmer deren individualarbeitsrechtliche Ansprüche gelten zu machen. Das BetrVG gewährt dem Betriebsrat betriebsverfassungsrechtliche Rechte und Pflichten auf der Grundlage eines Wahlergebnisses, das jedoch keine individualarbeitsrechtliche Bevollmächtigung begründet. Die Mitglieder des Betriebsrats haben ein Ehrenamt (§ 37 Abs. 1 BetrVG) inne. Eine Bevollmächtigung im Sinne einer Vollmacht haben die Betriebsratsmitglieder von den Arbeitskollegen hingegen nicht erhalten.

Praxistipp

Aus dem gleichen Grund darf der Betriebsrat keine Rechtsberatungen iSd Rechtsberatungsgesetz (RBerG) vornehmen. Ein Betriebsratsmitglied ist weder berechtigt noch verpflichtet, für die Arbeitskollegen eine Rechtsberatung vorzunehmen. Dies könnte unter Umständen im Widerspruch mit der Geheimhaltungsverpflichtung (§ 79 BetrVG) stehen und in ganz seltenen Ausnahmefällen zu einer Haftungsfrage führen (ausführlich zu diesem Thema: Althoff/Hadyk, → Haftung des Betriebsrats / Einleitung). Deswegen sollten die Betriebsratsmitglieder, so schwierig das auch in der täglichen Arbeit und Konfrontation mit den Arbeitskollegen sein kann, keine rechtlich verbindlichen Ratschläge, Empfehlungen oder Aussagen treffen, die nicht in den inhaltlich-sachlichen Bereich sowie die Zuständigkeit ihres Betriebsratsamtes fallen.

VI. Ausübung der Mitbestimmung

Das folgende Kapitel thematisiert die Ausübung der Mitbestimmung durch den Betriebsrat. Der Betriebsrat ist grundsätzlich bei urlaubsrechtlichen Themen zu beteiligen. Diese Beteiligung bezieht sich nicht nur auf kollektivarbeitsrechtliche Themen wie die Aufstellung eines Urlaubsplans und allgemeiner Urlaubsgrundsätze, sondern erfasst unter Umständen auch die Beteiligung die individualarbeitsrechtliche Beteiligung bei der Festsetzung der zeitlichen Lage des Urlaubs für einzelne Arbeitnehmer. Hier wird erläutert, welche Instrumente dem Betriebsrat zur Verfügung stehen und wie er sie einsetzen kann.

68. Wie übt der Betriebsrat seine Mitbestimmung aus?

Dem Betriebsrat stehen – da es sich um eine Mitbestimmung im engeren Sinn handelt – die üblichen betriebsverfassungsrechtlichen Instrumente im Falle der Beteiligung bei mitbestimmungspflichten Sachverhalten zur Verfügung. Der Betriebsrat kann seine Mitbestimmung ausüben mittels einer:

- formlosen Betriebsabsprache (Richardi BetrVG/ Richardi § 87 Rn. 482)
- Regelungsabrede
- Betriebsvereinbarung

Urlaubsthemen sind Sozialthemen (→ *Frage 41: Gewährt das BetrVG eine Beteiligung beim Thema*

Urlaub?), für die die stärkste Form der Beteiligung, nämlich die Mitbestimmung gilt. Das heißt: Werden sich Arbeitgeber und Betriebsrat nicht einig, entscheidet die Einigungsstelle (→ *Frage 75: Wie läuft ein Einigungsstellenverfahren ab?*). Außerdem kann der Betriebsrat auch von seinem sog. **Initiativrecht** Gebrauch machen (→ *Frage 45: Steht dem Betriebsrat ein Initiativrecht zu?*). Wenn der Gesetzgeber dem Betriebsrat derartige Möglichkeiten zur Verfügung stellt, sollte von diesen auch Gebrauch gemacht werden, sofern dem nicht im betrieblichen Einzelfall (taktische) Gründe entgegenstehen. So könnte bspw. die "vertrauensvolle Zusammenarbeit" (§ 2 Abs. 1 BetrVG iVm § 74 Abs. 1 BetrVG) unter Umständen ein Grund sein, von der Mitbestimmung mittels einer erzwingbaren Betriebsvereinbarung abzusehen. Allerdings sollte dies nur ausnahmsweise der Fall sein, da andernfalls der Betriebsrat den Vermutungen ausgesetzt sein könnte, vom Arbeitgeber beeinflusst zu werden oder beeinflussbar zu sein. Das BetrVG gewährt dem Betriebsrat die rechtliche Grundlage, frei vom Einfluss des Arbeitgebers in der Willensbildung und Willensentscheidung zu sein und handeln zu können. Dies ist eine Berechtigung, sollte aber auch als Verpflichtung verstanden werden.

Eine Betriebsvereinbarung ist jedoch dann zwingend, wenn die Betriebsparteien (Arbeitgeber und Betriebsrat) Einigungen zu Urlaubsthemen erzielen und festhalten wollen, die Regelungen enthalten, die sich unmittelbar und zwingend auf Arbeitsverhältnisse auswirken und eine normative, also gesetzliche Wirkung haben. Mit einer Betriebsvereinbarung schaffen die Betriebsparteien für den Betrieb zwingendes Recht. Diese Rechtsetzungsbefugnis gewährt ihnen das BetrVG, das die rechtliche Wirkung einer Betriebsvereinbarung normiert: Betriebsvereinbarungen gelten unmittelbar und zwingend (§ 77 Abs. 4 S. 1 BetrVG).

69. Was ist eine Betriebsabsprache bzw. Regelungsabrede?

Eine Betriebsabsprache bzw. Regelungsabrede (auch „betriebliche Einigung“ genannt) ist die Übereinkunft zwischen Arbeitgeber und Betriebsrat in Angelegenheiten, die nicht in Form der Betriebsvereinbarung festgelegt werden (müssen) (Fitting BetrVG § 77 Rn. 380 ff.). Mit Hilfe der Regelungsabrede werden insbesondere Einzelfallangelegenheiten zwischen Arbeitgeber und Betriebsrat vereinbart, die meist nur zeitlich befristet gelten sollen oder in denen Eile geboten ist. Als Regelungsabreden gelten beispielsweise Absprachen zwischen Arbeitgeber und Betriebsrat über Ort und Zeitpunkt des sog. Monatsgesprächs (§ 74 Abs. 1 BetrVG). Regelungsabreden unterscheiden sich von Betriebsvereinbarungen im Wesentlichen dadurch, dass es keine gesetzliche Regelung in Bezug auf die Form und den Inhalt gibt, dass sie demnach nicht schriftlich erfolgen müssen, um Wirksamkeit zu entfalten und dass sie keine unmittelbare und zwingende Wirkung auf die Arbeitsverhältnisse entfalten.

Ebenso wie bei der Betriebsvereinbarung ist vor dem Abschluss einer Regelungsabrede ein ordnungsgemäßer Beschluss des Betriebsrats gem. § 33 BetrVG erforderlich. Obwohl die Regelungsabrede grundsätzlich an keine bestimmte Form gebunden ist, sollte sie aus Beweisgründen schriftlich festgehalten werden. Soweit das BetrVG für eine Angelegenheit ausdrücklich die Betriebsvereinbarung vorsieht (zB § 3 Abs. 2 BetrVG, § 37 Abs. 4 S. 4 BetrVG, § 47 Abs. 4, 5 BetrVG), kommt eine Regelungsabrede nicht in Betracht.

70. Genügt eine Betriebsabsprache zur Ausübung der Mitbestimmung?

Ja. Der Betriebsrat kann auf Grundlage einer Betriebsabsprache bzw. Regelungsabrede seine ihm zustehende Beteiligung bzgl. der Festsetzung der Lage des Urlaubs ausüben. Es reicht eine nicht in Form einer Betriebsvereinbarung getroffene Vereinbarung aus, für die sich der Begriff „Regelungsabrede“ oder auch „Betriebsabsprache“ eingebürgert hat (Fitting BetrVG § 77 Rn. 380).

Praxistipp

Es ist stets der Einzelfall zu prüfen und zu entscheiden, dennoch wird es in den meisten Fällen für den Betriebsrat ratsam sein, einer Betriebsvereinbarung den Vorzug zu geben.

71. Kann der Betriebsrat für den Urlaub einzelner Arbeitnehmer eine Betriebsvereinbarung verlangen?

Ja. Dem Betriebsrat steht ein Mitbestimmungsrecht im engeren Sinne bei urlaubsrechtlichen Themen zu (→ *Frage 41: Gewährt das BetrVG eine Beteiligung beim Thema Urlaub?*). Sollte eine Einigung zu Themen, die der Mitbestimmung des Betriebsrats unterliegen, mit dem Arbeitgeber nicht erzielt werden können oder weigert sich dieser, kann der Betriebsrat ein Einigungsstellenverfahren (§ 76 BetrVG) durchführen lassen (→ *Frage 75: Wie läuft ein Einigungsstellenverfahren ab?*). Das Ergebnis eines solchen Verfahrens wäre der Spruch der Einigungsstelle, der gem. § 87 Abs. 2 BetrVG die Einigung zwischen Arbeitgeber und Betriebsrat ersetzt, sollten sich die Betriebsparteien im Einigungsstellenverfahren nicht einigen können (dazu ausführlich → *II. Einleitung*).

72. Wie kann der Betriebsrat sein Initiativrecht ausüben?

Das Initiativrecht des Betriebsrats ist zu unterteilen in das allgemeine und das erzwingbare Initiativrecht. Im Rahmen des allgemeinen Initiativrechts – häufig auch Antragsrecht oder Vorschlagsrecht genannt – hat der Betriebsrat beim Arbeitgeber Maßnahmen zu beantragen, die dem Betrieb und der Belegschaft dienen (§ 80 Abs. 1 Nr. 2 BetrVG). Dieses Initiativrecht des Betriebsrats besteht für alle sozialen, personellen und wirtschaftlichen Angelegenheiten. Diese Angelegenheiten müssen dann einen konkreten Bezug zum Betrieb und seinen Arbeitnehmern aufweisen. Der Arbeitgeber muss die durch den Betriebsrat eingereichten Vorschläge im Rahmen der vertrauensvollen Zusammenarbeit gemäß § 2 Abs. 1 BetrVG auch zur Kenntnis nehmen und prüfen und sie ggf. in seine Entscheidung einfließen lassen.

Zudem hat der Betriebsrat gegenüber dem Arbeitgeber ein erzwingbares Initiativrecht. Ein solches besteht dann, wenn dem Betriebsrat durch das BetrVG ein ausdrückliches Mitbestimmungsrecht eingeräumt wird. Die erzwingbare Mitbestimmung des Betriebsrats begründet sich gem. § 87 Abs. 1 BetrVG vor allem bei sozialen Angelegenheiten wie bspw. die Arbeitszeitregelung, die Urlaubsgewährung oder Maßnahmen des Arbeitsschutzes. So begründet sich auch, dass der Betriebsrat die Initiative ergreift, Kurzarbeit einzuführen, wenn er so die Belegschaft vor etwaigen Kündigungen schützen kann. Die Erzwingbarkeit der Mitbestimmung drückt sich dadurch aus, dass der Betriebsrat die Einigungsstelle anrufen kann, um die ihm zustehende Beteiligung durchzusetzen. In diesen Fällen des erzwingbaren Initiativrechts ist der Arbeitgeber nicht nur verpflichtet, die Vorschläge des Betriebsrats zur Kenntnis zu nehmen und gewissenhaft zu prüfen, sondern er ist zudem verpflichtet, eine einvernehmliche Regelung mit dem Betriebsrat in dieser Angelegenheit herbeiführen – andernfalls würde der Einigungsstellenvorsitzende entscheiden.

73. Ist immer der Betriebsrat im Betrieb zuständig?

Nein. **Grundsätzlich** ist der im Betrieb vertretene Betriebsrat berechtigt und zuständig, das Mitbestimmungsrecht auszuüben. Plant aber ein Unternehmer **einheitliche Vorgaben** und ein einheitliches Handeln, zB bei der Aufstellung von allgemeinen Urlaubsgrundsätzen, wäre der **Gesamtbetriebsrat** (GBR) oder unter Umständen auch der **Konzernbetriebsrat** (KBR) zuständig.

Praxistipp

Ebenso wäre es denkbar, dass der eigentlich zuständige örtliche Betriebsrat auf Grundlage eines entsprechenden rechtswirksamen Betriebsratsbeschlusses den GBR mit der Ausübung des Mitbestimmungsrechts beauftragt, damit dieser mit dem Arbeitgeber verhandelt (§ 50 Abs. 2 S. 1 BetrVG). Für eine solche Vorgehensweise sprechen vor allem taktische Gründe, wenn beispielsweise der örtliche Betriebsrat erst vor Kurzem gegründet worden ist und im Hinblick auf die Wichtigkeit des Regelungsgegenstandes beschließt, erfahrenere Betriebsratskollegen die Verhandlungen übernehmen zu lassen.

Die Zuständigkeit des GBR in Abgrenzung zu den örtlichen Gremien ist dem Grunde nach eine **Negativzuständigkeit** (vgl. Fitting BetrVG § 50 Rn. 9 ff.). Der GBR ist (nur) zuständig für die Behandlung von Angelegenheiten, die das **Gesamtunternehmen** oder **mehrere Betriebe** betreffen und die **nicht** durch die einzelnen Betriebsräte innerhalb ihrer Betriebe geregelt werden können. Das bedeutet, dass der Regelungsgegenstand allgemein thematisiert und gefasst sein muss und dessen Rechtsfolgen das gesamte Unternehmen betreffen. Es besteht jedoch auch die Möglichkeit, die Angelegenheit durch den eigentlich zuständigen lokalen Betriebsrat auf den GBR zu übertragen.

Der Gesetzgeber geht von der Subsidiarität der Zuständigkeit des GBR aus. Der örtliche Betriebsrat ist also für die Wahrnehmung der Rechte aus dem BetrVG zuständig. Nur im Ausnahmefall ist der GBR zuständig. Die Wechselseitigkeit der Gremien zueinander ist dem Gesetzgeber derart wichtig gewesen, dass das BetrVG explizit den Hinweis enthält, dass der GBR den einzelnen Betriebsräten nicht übergeordnet ist (§ 50 Abs. 1 S. 2 BetrVG). Die Gremien sollen horizontal auf gleicher Ebene miteinander arbeiten, eine Struktur des Über-Unterordnungsverhältnisses ist nicht gewollt. Es gilt dabei der Grundsatz der sog. **Zuständigkeitstrennung**. Das heißt, in einer Angelegenheit kann ausschließlich entweder der Betriebsrat oder der GBR oder der KBR zuständig sein (Fitting BetrVG § 50 Rn. 9). Siehe dazu die Arbeitshilfe Gesamt-, Konzern- und Europäischer Betriebsrat (→ *Gesamt-, Konzern- und Europäischer Betriebsrat / Einleitung*).

74. Ist die Betriebsratsbeteiligung ausschlaggebend für die Urlaubsgewährung?

Nein. Eine andere Ansicht wird vertreten, ist aber **äußerst umstritten** (Richardi BetrVG/Richardi § 87 Rn. 480 f.). Grundsätzlich führt die nicht ordnungsgemäße Beteiligung des Betriebsrats bei der Mitbestimmung im Zusammenhang sozialer Angelegenheiten dazu, dass der Arbeitgeber einseitig handelt und deswegen diese Handlung angegriffen werden kann. Deshalb hatte das BAG bereits im Jahr 1956 entschieden, dass immer dann, wenn der Arbeitgeber den Urlaubsbeginn einseitig unter Widerspruch des Betriebsrats festsetzt, diese Maßnahme konsequenterweise unwirksam ist (BAG 26.10.1956 – 1 AZR 350/55).

Aus Gründen der Rechtssicherheit für den betroffenen Arbeitnehmer ist es aber folgerichtig, dass bei einer Nichtbeteiligung oder nicht ausreichenden Beteiligung des Betriebsrats bei der zeitlichen Festlegung des Urlaubs einzelner Arbeitnehmer die betroffenen Arbeitnehmer dennoch Urlaub genehmigt bekommen können. Die Arbeitnehmer erwerben immerhin einen gesetzlich begründeten Urlaubsanspruch zum Zweck der Regeneration. (→ *Frage 1: Ist ein Arbeitsverhältnis Voraussetzung für den Urlaubsanspruch?*).

Wenn der Betriebsrat nicht beteiligt wurde und damit eine kollektivarbeitsrechtliche Nichterfüllung vorliegt, ist dies separat vom individualarbeitsrechtlichen Einigen und Gewähren des beantragten Urlaubs zum Schutze des betroffenen Arbeitnehmers zu bewerten. Die fehlende Beteiligung des Betriebsrats steht der Urlaubsgewährung folglich nicht entgegen. Sie stellt „nur" einen Verstoß des Arbeitgebers gegen § 87 BetrVG dar, den der Betriebsrat entsprechend ahnden kann, notfalls mittels Einleitung eines arbeitsgerichtlichen **Beschlussverfahrens** (vgl. § 2a Nr. 1 BArbGG).

VII. Durchsetzung der Mitbestimmung

Die praktische Umsetzung der genannten Grundsätze ist in der alltäglichen Betriebsratspraxis öfters umstritten und mitunter schwierig zu realisieren. Deshalb muss der Betriebsrat Vorgehensweisen kennen, um die kollektive Beteiligung und deren Durchsetzung betreiben zu können. Das nachfolgende Kapitel bietet darüber einen Überblick.

75. Wie läuft ein Einigungsstellenverfahren ab?

Das Einigungsstellenverfahren ist geregelt in § 76 BetrVG. Das Einigungsstellenverfahren läuft grundsätzlich so ab, dass eine Einigungsstelle gebildet werden muss, wenn eine Einigung zwischen den Betriebsparteien nicht erzielt werden kann. Diese setzt sich aus der gleichen Anzahl von Vertretern des Arbeitgebers und des Betriebsrats (sog. paritätische Besetzung) sowie eines Einigungsstellenvorsitzenden zusammen. Das BetrVG ermöglicht den Betriebsparteien, sich auf einen Einigungsstellenvorsitzenden zu einigen (§ 76 Abs. 2 S. 1 BetrVG). Sollten sich die Betriebsparteien nicht auf die Person des Vorsitzenden einigen können, so bestellt ihn das Arbeitsgericht (§ 76 Abs. 2 S. 2 BetrVG). Das zuständige Arbeitsgericht entscheidet auch in Fällen, wenn sich die Betriebsparteien nicht über die Anzahl der Beisitzer einigen können (§ 76 Abs. 2 S. 3 BetrVG).

Sobald die Einigungsstelle gebildet worden ist, kommen die Mitglieder der jeweiligen Betriebspartei – sowie unter Umständen rechtlicher Beistand (Rechtsanwälte) – und der Einigungsstellenvorsitzende zusammen und das Einigungsstellenverfahren beginnt. Der Streitgegenstand wird sodann thematisiert und zwar stets vor dem Hintergrund, dass eine einvernehmliche Einigung erzielt werden soll. Sollte dies nicht (mehr) möglich sein, kann der Einigungsstellenvorsitzende zur Abstimmung über den Streitgegenstand bitten (→ *Einigungsstelle / Einleitung*).

Sollten sich die Betriebsparteien im Rahmen einer ersten Abstimmung, bei der der Einigungsstellenvorsitzende nicht mit abstimmt, einigen können, ist die Angelegenheit beigelegt. In diesem Fall musste der Einigungsstellenvorsitzende nicht aktiv bei der Abstimmung eine Entscheidung herbeiführen, sondern konnte vorab vermittelnd tätig werden. Endet die erste Abstimmung jedoch mit einem Gleichstand, sprich: die Betriebsparteien konnten sich nicht einigen, dann findet nach einer entsprechenden erneuten Beratungsrunde die zweite Abstimmung statt. Bei dieser nimmt der Einigungsstellenvorsitzende teil. Da die einfache Mehrheit genügt, fasst die Einigungsstelle so einen einfachen Beschluss § 76 Abs. 3 S. 2, 3. BetrVG).

Praxistipp

Es kann auch mit einer freiwilligen Betriebsvereinbarung eine dauerhafte Einigungsstelle im Betrieb gebildet werden (§ 76 Abs. 1 S. 2 BetrVG). Diese kann im Streitfall direkt angerufen und muss nicht erst gebildet werden. Vorteilhaft daran ist sicherlich die Zeitersparnis; sie birgt allerdings den Nachteil, dass Entscheidungen, die zwischen den Betriebsparteien getroffen werden sollten, eventuell vorschnell auf die Einigungsstelle übertragen werden (Fitting BetrVG § 76 Rn. 1).

76. Kann der Spruch der Einigungsstelle über die zeitliche Lage des Urlaubs gerichtlich überprüft werden?

Ja. Der Spruch der Einigungsstelle über die zeitliche Lage des Urlaubs kann gerichtlich überprüft werden, zB dann, wenn gegen höherrangiges Recht oder gegen das Diskriminierungsverbot (§ 1 AGG) verstoßen wurde (vgl. Fitting BetrVG § 76 Rn. 138 ff.).

77. Gibt es eine Frist, innerhalb derer der Spruch der Einigungsstelle über Rechtsfragen zum Urlaub gerichtlich überprüft werden muss?

Nein. Der Erholungsurlaub und dessen Gewährung sind im BUrlG geregelt. Insoweit handelt es sich um sog. Rechtsfragen (Richardi BetrVG/Richardi § 87 Rn. 483). Solche Sprüche unterliegen der vollen arbeitsgerichtlichen Überprüfung, ohne dass diese Überprüfung an eine zeitliche Frist gebunden ist.

78. Gibt es eine Frist, innerhalb derer der Spruch der Einigungsstelle gerichtlich überprüft werden muss?

Das BetrVG nennt eine Frist, innerhalb derer **Ermessensfehler** gerichtlich überprüft werden können. Vermutete Ermessensfehler können nur innerhalb von **zwei Wochen** beim örtlich zuständigen Arbeitsgericht gerichtlich überprüft werden (§ 76 Abs. 5 S. 4 BetrVG). Als Ermessensfehler kommen in Betracht:

- Ermessensnichtgebrauch
- Ermessensüberschreitung
- Ermessensfehlgebrauch

79. Wer zahlt die Kosten für das Einigungsstellenverfahren?

Der Arbeitgeber trägt sämtliche Kosten des Einigungsstellenverfahrens (§ 76a BetrVG). Das gilt auch für die gerichtliche Überprüfung des Einigungsstellenspruchs und auch dann, wenn der Betriebsrat diese Überprüfung begehrt.

Muster

Muster 1: Betriebsvereinbarung Allgemeine Urlaubsgrundsätze

Zwischen der ...... GmbH

– nachfolgend Arbeitgeber genannt –

und

dem Betriebsrat der ...... GmbH

– nachfolgend Betriebsrat genannt –

wird nachfolgende Betriebsvereinbarung zur Regelung allgemeiner Urlaubsgrundsätze vereinbart:

§ 1 Geltungsbereich

Diese Betriebsvereinbarung gilt für:

Räumlich für ......

Persönlich für ......

§ 2 Allgemeine Grundsätze

(1) Der Arbeitnehmer erhält bei einer 5-Tage-Woche kalenderjährlich einen Urlaub von 20 Arbeitstagen als gesetzlichen Mindesturlaub. Der gesetzliche Mindesturlaub muss im laufenden Kalenderjahr gewährt und genommen werden. Eine

Übertragung des gesetzlichen Mindesturlaubs auf das nächste Jahr ist nur statthaft, wenn dringende betriebliche oder in der Person des Arbeitnehmers liegende Gründe dies rechtfertigen. Im Falle der Übertragung muss der gesetzliche Mindesturlaub in den ersten drei Monaten des folgenden Kalenderjahres gewährt und genommen werden, ansonsten verfällt er. Konnte der gesetzliche Mindesturlaub wegen Arbeitsunfähigkeit des Arbeitnehmers nicht genommen werden, verfällt der gesetzliche Mindesturlaubsanspruch 15 Kalendermonate nach dem Ende des Urlaubsjahres, mithin am 31.3. des zweiten Folgejahres.

(2) Der Arbeitnehmer erhält darüber hinaus kalenderjährlich einen übergesetzlichen Zusatzurlaub von weiteren 5 Arbeitstagen. Der übergesetzliche Zusatzurlaub ist innerhalb des Kalenderjahres zu nehmen. Eine Übertragung des übergesetzlichen Zusatzurlaubes auf das nächste Jahr ist nur statthaft, wenn dringende betriebliche oder in der Person des Arbeitnehmers liegende Gründe eine Übertragung erforderlich machen. Im Fall der Übertragung muss der Zusatzurlaub in den ersten drei Monaten des nachfolgenden Kalenderjahres gewährt und genommen werden. Ansonsten verfällt der Zusatzurlaub mit Ablauf des 31.3. des nachfolgenden Kalenderjahres auch dann, wenn er wegen Arbeitsunfähigkeit des Arbeitnehmers nicht genommen werden konnte. Eine Abgeltung des übergesetzlichen Urlaubsanspruches ist ausgeschlossen.

§ 3 Urlaubsantrag

(1) Die Festlegung des Urlaubes erfolgt durch den Arbeitgeber auf Antrag und unter Berücksichtigung der Wünsche des Arbeitnehmers. Dazu wird bis zum 31.1. des jeweiligen Kalenderjahres jedem Arbeitnehmer die Möglichkeit gegeben, seine Urlaubswünsche für einen zusammenhängenden Urlaub von mehr als … Arbeitstagen in eine Urlaubsliste einzutragen. Urlaub für den Monat Januar eines Jahres ist vorher geltend zu machen. Dringende betriebliche Gründe haben bei der Festlegung des Urlaubes Vorrang. Ein Urlaubsantrag gilt mit schriftlicher Bestätigung durch den Arbeitgeber als bewilligt. Als bewilligt gilt zunächst der gesetzliche Mindesturlaub gem. § 2 Abs. 1 bis zu dessen vollständiger Erfüllung, erst danach der übergesetzliche Zusatzurlaub gem. § 2 Abs. 2. Während des Übertragungszeitraumes (1.1. bis 31.3. des nachfolgenden Kalenderjahres) gilt zunächst der übertragene gesetzliche Mindesturlaub, danach der übertragene übergesetzliche Zusatzurlaub und erst danach der in dem betreffenden Kalenderjahr entstehende bzw. entstandene gesetzliche Mindesturlaub und übergesetzliche Zusatzurlaub als bewilligt.

(2) Verspätet gestellte Anträge werden nur dann zu den verlangten Zeiten berücksichtigt, wenn nicht vorher gestellte Anträge vorliegen.

§ 4 Einspruch des Arbeitgebers

Sofern den Urlaubswünschen, so wie sie in die Urlaubslisten eingetragen sind, nicht innerhalb einer Frist von drei Wochen durch den Arbeitgeber schriftlich widersprochen wird, gilt der Urlaub als genehmigt.

§ 5 Konfliktlösung

(1) Bei der Gewährung von Urlaub sind die betrieblichen Belange und die Urlaubswünsche der einzelnen Arbeitnehmer zu berücksichtigen. Urlaubswünschen einzelner Arbeitnehmer kann nur dann nicht entsprochen werden, wenn ihrer Gewährung dringende betriebliche Belange oder Urlaubswünsche anderer Arbeitnehmer, deren Wünsche Vorrang haben, entgegenstehen. Bei der Gewährung von Urlaub haben Arbeitnehmer mit schulpflichtigen Kindern während der Schulferien Vorrang. Arbeitnehmern, deren Ehegatten ebenfalls berufstätig sind, soll der Urlaub so gewährt werden, dass sie gemeinsam mit dem Ehegatten in den Urlaub gehen können. Sofern der Arbeitnehmer aus gesundheitlichen Gründen Urlaub während einer bestimmten Jahreszeit beantragt, soll dem im Rahmen der betrieblichen Möglichkeiten entsprochen werden.

(2) Können sich Arbeitgeber und Arbeitnehmer nicht über die zeitliche Lage des Urlaubs einigen, ist zunächst der Betriebsrat hinzuziehen. Kommt auch nach Hinzuziehung des Betriebsrats keine Einigung zustande, entscheidet die Einigungsstelle.

§ 6 Ständige Einigungsstelle

Zur Schlichtung von Urlaubsstreitigkeiten wird eine ständige Einigungsstelle eingerichtet. Diese besteht aus dem Richter am Arbeitsgericht …… als Vorsitzenden sowie auf Seiten des Betriebsrats aus … als Beisitzer und auf Seiten des Arbeitgebers aus …… als Beisitzer.

§ 7 Schlussbestimmungen

Diese Betriebsvereinbarung ist mit einer Frist von ...... Monaten zum Schluss eines Kalendervierteljahres kündbar, erstmals zum .... Die Kündigung bedarf der Schriftform.

Ort, Datum

____________________ ____________________

Arbeitgeber Betriebsrat

Muster 2: Betriebsvereinbarung Urlaubsrahmenplanung

Zwischen der Firma ......

und

dem Betriebsrat der Firma ......

wird folgende Betriebvereinbarung vereinbart:

§ 1 Präambel

Diese Betriebsvereinbarung soll eine reibungslose Urlaubsplanung gewährleisten und für die Mitarbeiter/innen und das Unternehmen Rechtssicherheit bei der Abwicklung des Urlaubs sicherstellen. Das Unternehmen und der Betriebsrat bekennen sich zum Grundsatz der Selbstständigkeit und Eigenverantwortung der Mitarbeiter/innen. Es ist Aufgabe der Führungskräfte, darauf zu achten, dass einzelne Mitarbeiter/innen nicht benachteiligt werden.

§ 2 Allgemeines

(1) Urlaub dient der eigenen Regeneration und der Erholung von der Arbeit. Es widerspricht daher auch dem Urlaubszweck, im Urlaub für das Unternehmen erreichbar zu sein.

(2) Jeweils bis Ende April wird das Unternehmen gegenüber dem Betriebsrat darlegen, wie mögliche, durch den Urlaubsplan bedingte personelle Engpässe überbrückt werden sollen, um den reibungslosen Arbeitsablauf zu gewährleisten.

(3) Die einschlägigen Regelungen der „Tarifverträge für ......" gelten auch für diese Betriebsvereinbarung.

(4) Erholungsurlaub ist der/dem einzelnen Beschäftigten unter Beachtung der gesetzlichen, tarifvertraglichen, betrieblichen und gegebenenfalls einzelvertraglichen Bestimmungen unter Abwägung der Interessen der/des Beschäftigten und der betrieblichen Interessen zu gewähren.

(5) Der gesetzliche Mindesturlaub muss, weiterer Urlaub soll im lfd. Kalenderjahr gewährt und angetreten werden.

(6) Jede(r) Mitarbeiter/in hat das Recht, zusammenhängend mindestens vier Wochen Urlaub zu nehmen.

§ 3 Geltungsbereich

Diese Betriebsvereinbarung gilt für alle Mitarbeiter/innen des Unternehmens, mit Ausnahme von leitenden Angestellten und Praktikanten. Weitere Ausnahmen können zwischen dem Unternehmen und dem Betriebsrat vereinbart werden und sind als Anlage 1 Bestandteil dieser Betriebsvereinbarung. Anweisungen leitender Angestellter dürfen nicht gegen diese Betriebsvereinbarung verstoßen.

§ 4 Beantragung des Urlaubs

(1) Für zusammenhängende Urlaubszeiten von mehr als 10 Arbeitstagen werden für das jeweilige Urlaubsjahr ab Anfang November des Vorjahres Urlaubslisten ausgehängt. Es ist dafür zu sorgen, dass sämtliche Beschäftigte von diesen Listen Kenntnis nehmen können.

(2) Alle Mitarbeiter/innen stellen ihren Urlaubsantrag durch Eintragung ihrer Urlaubswünsche in die Urlaubslisten. Für das 1. Quartal des Urlaubsjahres erfolgt der Eintrag bis zum 15.11. des Vorjahres, sonst bis zum 15.2. des Urlaubsjahres.

(3) Verspätet abgegebene Urlaubsanträge finden bei der Gewährung des Urlaubs nur dann Berücksichtigung, wenn dem Antrag nicht andere, rechtzeitig eingegangene, Urlaubsanträge entgegenstehen.

(4) Aus Gründen der Planungssicherheit zB für geplante größere Reisen sind in Absprache mit der jeweiligen Gruppe andere Termine möglich.

§ 5 Genehmigung des Urlaubs

Urlaubsanträge gem. § 4 Abs. 2 sind innerhalb von 14 Tagen nach Stichtag, sonstige Anträge innerhalb von 14 Tagen nach Antragstellung zu bescheiden. Werden vorgenannte Fristen nicht eingehalten, gilt der Urlaub wie beantragt als genehmigt und kann angetreten werden, ohne dass die Einrede des eigenmächtigen Urlaubsantritts geltend gemacht wird.

§ 6 Einsprüche gegen den Antrag

(1) Einsprüche gegen den Urlaubsantrag hat das Unternehmen innerhalb der in § 5 genannten Fristen beim Betriebsrat einzulegen und gegenüber Betriebsrat und Mitarbeiter/in schriftlich zu begründen.

(2) Hat das Unternehmen gegen einen Urlaubsantrag gem. § 6 Abs. 1 Einspruch eingelegt, werden die Betriebsparteien nach beiderseitiger Rücksprache mit der/dem betroffenen Beschäftigten innerhalb einer Woche versuchen, eine gütliche Einigung zu erzielen.

(3) Führt dieser Einigungsversuch nicht zu einem einvernehmlichen Ergebnis, gilt § 13 dieser Betriebsvereinbarung.

§ 7 Nachträgliche Änderung

(1) Genehmigte Urlaubsanträge können auf Antrag der Mitarbeiterin oder des Mitarbeiters nachträglich geändert werden. Es gelten die Grundsätze von verspätet eingegangenen Urlaubsanträgen.

(2) Genehmigter Urlaub kann nur aus zwingenden betrieblichen Gründen und nur mit Zustimmung der/des Beschäftigten verschoben, abgebrochen oder unterbrochen werden.

(3) In Streitfällen gilt § 13 dieser Betriebsvereinbarung.

§ 8 Vorrang

(1) Mitarbeiter/innen, die schulpflichtige Kinder haben, erhalten den Jahresurlaub vorrangig während der Schulferien. Mitarbeiter/innen mit schulpflichtigen Kindern, die in einem Jahr während der Sommerferien aus betrieblichen Gründen keinen Urlaub nehmen konnten, haben im folgenden Jahr Vorrang vor vergleichbaren Mitarbeiter/innen. (Protokollnotiz: Den Schulferien gleichgestellt sind in diesem Zusammenhang Schließzeiten von Kindergärten u. ä.)

(2) Mitarbeiter/innen, deren Ehepartner ebenfalls berufstätig sind, wird der Urlaub nach Möglichkeit so gewährt, dass sie zusammen mit ihrem Ehepartner Urlaub machen können.

(3) Mitarbeiter/innen, die aus gesundheitlichen Gründen ihren Urlaub während einer bestimmten Jahreszeit nehmen wollen, wird im Rahmen der betrieblichen Möglichkeiten der Urlaub in der gewünschten Jahreszeit gewährt.

(4) Im Anschluss an eine Maßnahme der medizinischen Vorsorge oder der Rehabilitation wird Urlaub auf Wunsch der/des Beschäftigten gewährt.

(5) Auszubildende erhalten ihren Jahresurlaub während der Berufsschulferien.

§ 9 Abgeltung von Urlaub

Eine Abgeltung von Urlaub ist ausgeschlossen. Dies gilt nicht bei der Beendigung des Arbeitsverhältnisses.

§ 10 Resturlaub

(1) Kann der Urlaub im jeweiligen Urlaubsjahr nicht genommen werden, soll er bis zum 30.4. des Folgejahres angetreten werden. Aus dringenden betrieblichen Gründen oder in persönlich begründeten Ausnahmefällen ist eine Verlängerung dieser Frist bis zum 31.12. des auf das Urlaubsjahr folgenden Kalenderjahres möglich.

(2) Resturlaub ist bevorzugt zu genehmigen.

(3) Die Genehmigung von Resturlaub kann nicht widerrufen werden (vgl. § 7 Abs. 2).

§ 11 Unbezahlter Urlaub

Unbezahlter Urlaub kann in Abstimmung mit dem Betriebsrat gewährt werden. Bei Gewährung von unbezahltem Urlaub ist stets ein genaues Enddatum festzulegen, aus dem unzweifelhaft ersichtlich wird, wann die Mitarbeiterin/der Mitarbeiter die Arbeit wieder aufzunehmen hat.

§ 12 Rechte des Betriebsrats

(1) Der Betriebsrat erhält auf Antrag die Urlaubsplanung und eine Aufstellung der individuellen Urlaubsansprüche.

(2) Der Betriebsrat erhält zum 30.4. eine schriftliche, personenbezogene Aufstellung der Resturlaubsbestände sowie der Urlaubsplanung für diese Bestände.

§ 13 Konfliktmechanismus

(1) Ergeben sich aus den Regelungen der Betriebsvereinbarung Meinungsverschiedenheiten zwischen den örtlichen Betriebsparteien, so ist zunächst ein betriebsinterner Einigungsversuch auf Betriebsebene vorzunehmen.

(2) Führt dieser Einigungsversuch nicht zu einem einvernehmlichen Ergebnis, kann jede Betriebspartei eine Schiedsstelle anrufen, die aus zwei Mitgliedern des Betriebsrats sowie zwei Vertretern der Unternehmensseite besteht.

(3) Kommt eine Einigung auch in der Schiedsstelle nicht zustande, so entscheidet die Einigungsstelle.

§ 14 Rechte und Beteiligung der Beschäftigten

Jede(r) Mitarbeiter/in hat das Recht, sich über Entscheidungen des unmittelbaren Vorgesetzten bzw. der Personalfunktion bei dem Betriebsrat zu beschweren. Hieraus dürfen ihr/ihm keine Nachteile entstehen.

§ 15 Schlussbestimmungen

(1) Abweichungen von den getroffenen Regelungen sind mit dem Betriebsrat zu vereinbaren.

(2) Die Betriebsvereinbarung tritt mit ihrer Unterzeichnung in Kraft. Damit sind alle bisherigen Vereinbarungen im Zusammenhang mit Urlaubsplanung usw aufgehoben.

(3) Sie kann mit einer beiderseitigen Frist von 6 Monaten zum Jahresende ganz oder teilweise gekündigt werden. Die Kündigung hat schriftlich zu erfolgen. Bis zum Abschluss einer neuen Vereinbarung gelten die Regelungen dieser Vereinbarung weiter.

(4) Sollte eine Vorschrift dieser Vereinbarung nicht mit dem geltenden Recht im Einklang stehen und deshalb unwirksam sein, behalten die anderen Regelungen dieser Vereinbarung ihre Gültigkeit. Die unwirksame Regelung ist rechtskonform so auszulegen, dass sie dem beiderseitigen Wollen der Parteien entspricht.

Ort, Datum

____________________ ____________________

Geschäftsleitung Betriebsrat